La Dame de pique
et
autres nouvelles

Romans et nouvelles du XIXe siècle
dans la même collection

Balzac, *Le Colonel Chabert. La Maison du chat-qui-pelote. La Vendetta*
Dumas, *Le Comte de Monte-Cristo* (à paraître)
Flaubert, *Un cœur simple*
Gautier, *La Morte amoureuse et autres nouvelles*
Gogol, *Le Nez, Le Manteau*
Hoffmann, *L'Enfant étranger. Le Violon de Crémone. Les Mines de Falun*
Hugo, *Le Dernier Jour d'un condamné*
Maupassant, *Boule de Suif* (à paraître). *Le Horla et autres contes fantastiques. La Papa de Simon et autres nouvelles*
Poe. *Le Chat noir et autres contes. Double Assassinat dans la rue Morgue. La Lettre volée*
Pouchkine, *La Dame de pique et autres nouvelles*
Sand, *Les Ailes de courage. Le Géant Yéous*
Stendhal. *Vanina Vanini. Le Coffre et le revenant*
Tourgueniev, *Premier Amour*
Veme, *Le Humbug, Frritt-Flacc*
Zola, *L'Attaque du moulin. Les Quatre Journées de Jean Gourdon*

ISBN : 2-08-072019-8

Pouchkine

La Dame de pique
et
autres nouvelles

Traduction de Borislav Hofmann
revue par W. Troubetzkoy

Présentation, chronologie, notes et jeux
par Marion Méary

Étonnants Classiques
GF-Flammarion

PRÉSENTATION

Un enfant amoureux des livres

Poésie et révolte

Un écrivain sous surveillance

Pouchkine, auteur de nouvelles

Réalisme et fantastique

En ce 8 septembre 1826, le personnage qui entre sous la surveillance du chef du corps des gendarmes, chez le tsar Nicolas Ier, n'est pas un courtisan ordinaire. Même si le maître absolu de la Russie le considère comme « l'homme le plus intelligent de son siècle », il lui ordonne de ne rien publier dorénavant sans son accord, et il s'institue personnellement son « censeur ».

Un enfant amoureux des livres

Pouchkine est né en 1799 dans une famille noble, cultivée et cosmopolite. Possesseurs d'un grand domaine et de nombreux serfs, les parents de Pouchkine habitent cependant Moscou, comme bon nombre de riches propriétaires russes, parlent français à la maison, sortent et reçoivent beaucoup, invitent chez eux des hommes de lettres. A huit ans, Alexandre sait le français aussi bien que le russe. Il lit très tôt, passant parfois des nuits entières à dévorer les ouvrages de la bibliothèque paternelle : La Fontaine, Molière, Corneille, Racine, Voltaire, les grands auteurs russes, etc.

Tant qu'il reste auprès de ses parents, le jeune Alexandre prend ses leçons avec des précepteurs. Il travaille mal, il préfère lire de son côté ou écouter sa nounou lui raconter des légendes et lui chanter des chansons anciennes.

Adolescent, Pouchkine, qui a appris l'anglais, découvre avec enthousiasme les romans historiques de Walter Scott, la poésie romantique de Byron et le théâtre de Shakespeare.

Poésie et révolte

Mais c'est au Lycée impérial, près de Saint-Pétersbourg, où ses parents l'envoient en 1811, que Pouchkine compose et fait connaître, avec un succès incroyable pour son jeune âge, ses premières poésies. Dès lors, il ne cessera d'écrire, s'essayant à tous les genres littéraires, se dégageant peu à peu de ses modèles pour affirmer son goût de la clarté et de la concision.

Pouchkine mène à Saint-Pétersbourg une vie brillante et dissipée. Il côtoie un groupe de jeunes gens ayant participé à la campagne de France en 1814; ils ont découvert les idéaux de fraternité et d'égalité de la Révolution française et sont partisans d'une monarchie constitutionnelle et non plus absolue. Pouchkine partage leurs rêves de liberté, de bonheur universel, et suit avec attention les mouvements révolutionnaires qui se manifestent alors en Europe. Il écrit lui-même une série de poèmes politiques qui se répandent comme une traînée de poudre et lui valent les remontrances du tsar : il est envoyé en exil dans le sud de la Russie.

Un écrivain sous surveillance

Toute sa vie, le poète aura des démêlés plus ou moins graves avec le pouvoir. En décembre 1825, nouvelle alerte : alors qu'il est loin de Saint-Pétersbourg, ses anciens camarades tentent un coup d'État pour imposer un régime de monarchie constitutionnelle. Presque tous sont arrêtés ; quatre de ses très proches amis sont pendus ; son ami d'enfance, qu'il ne reverra plus, est exilé en Sibérie. Pouchkine, lui, voyage pour se faire oublier, mène une vie de bohème, tombe souvent amoureux, écrit des poèmes, dont *Eugène Onéguine*, et sa grande tragédie *Boris Godounov*.

En 1826, le nouveau tsar Nicolas Ier, qui veut désormais être son protecteur et censeur, permet à Pouchkine de revenir à Moscou, mais le poète doit s'engager à ne plus écrire contre le gouvernement et la religion. Constamment surveillé, il ne peut voyager à l'étranger. Il se lance à nouveau dans une vie brillante et mondaine. En 1828, il rencontre la belle Natalia Gontcharova, qu'il épousera en 1831.

Pouchkine, auteur de nouvelles

En 1829 Pouchkine se rend dans son domaine de Boldino, près de Nijni-Novgorod, pour régler, avant son mariage, des affaires de famille. Bloqué par une épidémie de choléra, il y séjourne trois mois et rédige les cinq récits en prose, édités sous un pseudonyme, qui formeront les *Récits de feu Ivan Pétrovitch Bielkine*. Pouchkine propose des nouvelles réalistes aux sujets quotidiens, décrivant avec humour, ironie et sympathie, le milieu paysan, les artisans ou les propriétaires nobles des campagnes.

Trois ans plus tard, à l'automne 1833, Pouchkine s'arrête à nouveau à Boldino ; il y travaille intensément et compose *La Dame de pique*, qui paraît en février 1834 et connaît tout de suite un grand succès. « Ma Dame de pique est très en vogue. Les joueurs ne savent que ponter sur le trois, le sept et l'as. A la cour, on a trouvé quelque ressemblance à ma vieille comtesse avec la princesse Natalia Pétrovna, et ils n'ont pas l'air de m'en vouloir... » (Journal de Pouchkine, 7 avril 1834).

Réalisme et fantastique

Le Marchand de cercueils, *La Demoiselle paysanne* et *La Dame de pique* reflètent une réalité que Pouchkine connaît bien.

Le poète a en effet souvent pu observer les personnages qu'il décrit dans *La Demoiselle paysanne*, puisque, à plusieurs reprises, il a vécu dans les grands domaines de sa famille, appréciant les joies de la nature, côtoyant les domestiques et les paysans, essayant de faire progresser l'agriculture et l'économie locales.

Pour l'avoir longtemps fréquentée, Pouchkine présente avec autant de véracité la haute société pétersbourgeoise et se plaît à décrire ses distractions favorites. Lui-même menait une vie mouvementée, aimait à courtiser les femmes et nourrissait une véritable passion pour le jeu. Quant à la vieille comtesse que l'auteur met en scène dans *La Dame de pique*, elle avait un modèle reconnu, la princesse Golitzine, surnommée « la princesse Moustache ».

C'est une population d'artisans et de petits commerçants qui apparaît, décrite avec précision et humour dans *Le Marchand de cercueils*, ce sont leurs habitudes, leurs familiarités de langage et leurs petits travers, tels que Pouchkine a pu les connaître ou les imaginer à travers les anciennes légendes russes.

Mais au milieu de ce monde bien réel, le surnaturel fait parfois irruption : *La Dame de pique* et *Le Marchand de cercueils* voient se succéder toute une série d'événements étranges ou bizarres; apparitions, fantômes et squelettes se manifestent; des forces maléfiques agissent; Dieu et le diable entrent en jeu... Et chaque fois le lecteur doute, s'interroge, hésite entre le rêve et la réalité, la vraisemblance et l'invraisemblance, séduit par le récit, égaré par son auteur.

Après plusieurs années de production littéraire intense et variée, la carrière de Pouchkine devait s'arrêter le 29 janvier 1837, à l'issue du duel fatal qui l'opposa à George Dantès, qu'il croyait l'amant de sa femme. Mais son œuvre fut peu à peu connue et appréciée de toute l'Europe comme celle du premier grand écrivain russe.

CHRONOLOGIE

Pouchkine lycéen

	Repères historiques et culturels
1796	Le tsar Paul Ier succède à sa mère Catherine II La Grande dont il prend le contre-pied; il meurt assassiné en 1801.
1801	Alexandre Ier monte sur le trône; son précepteur suisse La Harpe lui donne des idées libérales, il fait de nombreuses réformes.
1812	Campagne de Russie de Napoléon Ier, retraite catastrophique après l'incendie de Moscou.
1814	Chute de Napoléon.
1815	Restauration de la royauté en France.
1824	Mort de Lord Byron, poète romantique anglais qui influença le début de la carrière de Pouchkine.
1825	Mort du tsar Alexandre Ier; la noblesse libérale (« les décembristes ») se soulève; le nouveau tsar Nicolas Ier brise la révolte.

Vie et œuvre de Pouchkine

1799 (26 mai) Naissance d'Alexandre Pouchkine à Moscou dans une famille noble, riche et cultivée. Très jeune il est confié à des professeurs français et allemands; il découvre les grands auteurs russes et français.

1811 (octobre) Il entre au Lycée impérial de Tsarskoïe Selo.

1817 Il quitte le Lycée, mène une vie assez dissipée, fréquente les libéraux, écrit de la poésie dont une *Ode à la Liberté*.

1820 Pouchkine connaît ses premiers démêlés avec la censure.
Exilé de Saint-Pétersbourg, il voyage, découvre la campagne, le folklore et la culture russes; il travaille beaucoup, commence à écrire *Eugène Onéguine*.

1825 (14 décembre) Ses amis révolutionnaires tentent un coup d'État contre le tsar; presque tous seront arrêtés, certains pendus, d'autres exilés; de peur d'une perquisition, Pouchkine brûle de nombreux papiers.

REPÈRES HISTORIQUES ET CULTURELS

1831 Nicolas Ier écrase dans le sang la révolte de la Pologne.

1832 Mort du poète allemand Goethe.
Nicolas Gogol, écrivain russe né en 1809, publie un recueil de contes pittoresques et fantastiques.

1836 Dans la revue de Pouchkine, Gogol publie *Le Nez*.

Vie et œuvre de Pouchkine

1826 (8 septembre) Par ordre du nouveau tsar Nicolas Ier, Pouchkine arrive à Moscou ; le tsar lui déclare qu'il sera personnellement son « censeur ». Autorisé à séjourner à Moscou, il s'engage à ne plus écrire contre le gouvernement et la religion.

1827 (3 mai) Pouchkine est autorisé à vivre à Saint-Pétersbourg.

1827 Il voyage, toujours sous la surveillance de la police, mais le tsar Nicolas Ier refuse de le laisser partir à l'étranger. Il travaille, écrit des poèmes, des articles littéraires et essaie de faire publier *Boris Godounov.*
Il tombe amoureux : Natalia Gontcharova a seize ans ; ils se fiancent en 1830.

1830 Bloqué par une épidémie de choléra, loin de Moscou, il écrit et fait publier sa première œuvre en prose : les *Récits de feu Ivan Pétrovitch Bielkine.*
De retour à Moscou, il épouse Natalia et obtient un poste dans le cadre du ministère des Affaires étrangères.

1834 Parution et succès de *La Dame de pique.*
Il reste préoccupé par ses démêlés avec le pouvoir, ses problèmes familiaux et financiers.

1836 Autorisation de publier sa propre revue : *Le Contemporain* ; voulant éduquer le public russe, il présente des textes français, soutient puis lance Gogol avec *Le Nez*, donne son propre roman *La Fille du Capitaine.*

Repères historiques et culturels

1840 Lermontov, écrivain russe admirateur de Pouchkine, publie le premier roman psychologique russe *Un héros de notre temps*.

1849 L'écrivain français Prosper Mérimée traduit *La Dame de pique* en français.

1874 *Boris Godounov*, opéra du compositeur russe Moussorgski, d'après l'œuvre de Pouchkine.

1879 *Eugène Onéguine*, opéra du compositeur russe Tchaïkovski, d'après l'œuvre de Pouchkine.

1890 *La Dame de pique*, opéra du compositeur russe Tchaïkovski, d'après l'œuvre de Pouchkine.

1836 (novembre) Il reçoit des lettres anonymes accusant sa femme d'infidélité; il provoque en duel le Français George Dantès qu'il pense à l'origine de ces rumeurs.

1837 (26 janvier) Dantès le provoque en duel. Le 27 janvier à 16 heures, lors du duel, Pouchkine est grièvement blessé; le médecin du tsar lui avoue que la blessure ne laisse pas d'espoir.

1837 (29 janvier) Pouchkine meurt après deux jours de souffrance.

LE MARCHAND DE CERCUEILS

Le jour qui vient apporte de nouveaux cercueils,
Cheveux blancs du monde vieillissant

DERJAVINE.

Le reliquat des hardes [1] d'Adrien Prokhorov, marchand de cercueils de son métier, venait d'être entassé sur un corbillard et, pour la quatrième fois, les deux faméliques haridelles [2] firent le trajet de la Basmannaïa à la Nikitskaïa où le commerçant emménageait avec toute sa famille.

Le bonhomme ferma boutique, accrocha à la porte une pancarte, annonçant que la maison était à vendre ou à louer, s'en alla pédestrement pendre la crémaillère.

Tout en approchant de la maisonnette jaune, qui, depuis si longtemps, excitait son imagination et qu'il avait acquise moyennant une assez forte somme, le vieux marchand de cercueils

1. *Reliquat des hardes :* le reste des vieux vêtements.
2. *Faméliques haridelles :* très maigres chevaux.

s'aperçut avec surprise que la joie ne régnait point dans son cœur.

Ayant franchi le seuil inconnu et découvert un grave fouillis, il soupira en évoquant la vétuste[1] chaumière où, pendant dix-huit ans, il avait assuré le maintien d'un ordre irréprochable. Après avoir tancé[2] la servante et ses deux filles, trop lentes à son gré, il mit résolument la main à la pâte, en personne. Bientôt tout fut en règle : l'armoire aux Icônes[3], le buffet avec sa vaisselle, la table, le divan et le lit prirent les places qui leur avaient été assignées dans la pièce du fond. Dans la cuisine et dans le salon furent entreposées les confections du maître : cercueils de toutes les couleurs et de toutes les dimensions, bahuts contenant des chapeaux, des manteaux et des flambeaux de deuil. Au-dessus de la porte se hissa une enseigne ; elle présentait un Amour passablement dodu, tenant un flambeau renversé, avec une inscription : « Ici, l'on vend et garnit les cercueils naturels ou peints. Location et remise en état des cercueils usagés. »

Les jeunes filles se retirèrent dans leur chambre ; Adrien fit le tour du logis, s'assit à la fenêtre et commanda le samovar[4].

Notre éclairé lecteur n'ignore pas que Shakes-

1. *Vétuste :* vieille et peu confortable.
2. *Tancé :* fait des reproches.
3. *Icônes :* peintures religieuses orthodoxes.
4. *Samovar :* bouilloire pour préparer le thé.

peare[1] et Walter Scott[2] ont représenté leurs fossoyeurs comme de gais et de plaisants lurons, afin de mieux frapper notre imagination par ce contraste. Soucieux de respecter la vérité, nous ne pouvons pas imiter leur exemple et devons confesser que le naturel de notre marchand de cercueils répondait parfaitement à sa sinistre profession. Adrien Prokhorov était habituellement sombre et renfermé. Il ne sortait de son mutisme[3] que pour gourmander ses filles, quand il les voyait oisives, occupées à lorgner les passants par la fenêtre, ou pour demander une rémunération exorbitante de ses œuvres à ceux qui avaient l'infortune (ou parfois le plaisir) de faire appel à ses bons offices.

Or donc, assis à sa fenêtre et buvant sa septième tasse de thé, Adrien, selon sa coutume, s'abîmait dans de tristes pensées. Il songeait à la pluie battante qui, huit jours auparavant, avait salué tout près de la barrière de la ville le cortège funèbre du brigadier retraité. Que de manteaux rétrécis, que de chapeaux cabossés ! Encore des dépenses en perspective, car sa vieille garde-robe funèbre commençait d'être en piteux état. Certes, il nourrissait l'espoir de se rattraper à l'occasion de l'enterrement de Trioukhina, une vieille marchande qui, depuis près d'un an, se

1. *Shakespeare* (1564-1616) : poète dramatique anglais, alors redécouvert et très à la mode.

2. *Walter Scott* (1772-1832) : poète et romancier écossais souvent lu et très apprécié des Russes à l'époque.

3. *Mutisme :* silence.

trouvait au chapitre de la mort. Mais hélas, cette Trioukhina se mourait à Razgouliaï, et Prokhorov avait peur que les héritiers, en dépit de leur promesse, ne fussent trop paresseux pour l'envoyer chercher si loin et ne s'entendissent avec le plus proche entrepreneur de pompes funèbres.

Trois coups franc-maçonniques[1], frappés à la porte, interrompirent ses réflexions.

— Qui est là ? demanda le marchand.

La porte s'ouvrit, laissant entrer un homme en qui l'on pouvait reconnaître, du premier coup d'œil, un artisan allemand. L'individu s'approcha du maître de céans[2] avec une mine réjouie.

— Excusez-moi, aimable voisin, dit-il dans ce parler russo-germanique que nous ne pourrons jamais entendre sans rire, excusez-moi de vous déranger... j'ai désiré vous connaître le plus vite possible. Je suis cordonnier, mon nom est Gottlieb Schultz, j'habite cette petite maison qui se trouve juste en face de vos fenêtres. Demain, je fête mes noces d'argent et je demande à vous et à vos filles de venir dîner chez moi en toute amitié.

L'invitation fut favorablement accueillie. Le marchand de cercueils proposa au cordonnier de prendre place et de boire une tasse de thé. Bientôt, grâce au naturel ouvert de Gottlieb Schultz, la conversation prit un tour cordial.

1. *Franc-maçonniques :* qui ont rapport à la franc-maçonnerie, ici secrets, discrets.

2. *Céans :* des lieux.

— Comment va le négoce[1] de Votre Honneur? s'informa Adrien.

— Eh! eh! couci, couça, répliqua Schultz. J'aurais tort de me plaindre, bien que ma marchandise ne vaille pas la vôtre, puisqu'un homme vivant peut se passer de souliers, alors qu'un mort ne saurait vivre sans cercueil!

— Voilà qui est vrai, observa Adrien. Seulement, un vivant qui n'a pas de quoi se payer une paire de chaussures va nu-pieds, révérence parler, tandis qu'un gueux mort trouve toujours un cercueil gratis!

Cet entretien se prolongea quelques moments encore; en fin de compte, le cordonnier se leva, prit congé de son hôte en réitérant[2] son invitation.

Le jour suivant, sur le coup de midi, le marchand de cercueils et ses filles franchirent la barrière de leur maison nouvellement acquise et se rendirent chez le voisin. M'écartant en cela des romanciers contemporains, je ne vous décrirai point le cafetan[3] russe d'Adrien, ni les toilettes européennes d'Akoulina et de Daria. Il ne me paraît pas superflu, cependant, d'observer que les deux demoiselles avaient mis des bonnets jaunes et des souliers rouges, ce qu'elles ne faisaient que pour les grands jours.

Le petit logement du cordonnier était rempli

1. *Négoce :* commerce.
2. *En réitérant :* en renouvelant.
3. *Cafetan* (mot d'origine turque) : grand manteau.

de convives : des artisans allemands pour la plupart, avec leurs épouses et leurs apprentis. En fait de fonctionnaires russes, il n'y avait qu'un veilleur de nuit, le Finnois Yourko, qui avait su gagner l'estime particulière de son hôte, en dépit de son humble condition. Pendant près d'un quart de siècle, il avait mis son zèle et sa foi au service de sa fonction, tel le postillon de Pogorelski[1]. L'incendie de 1812[2], en détruisant la première capitale[3], avait rasé par la même occasion sa guérite[4] jaune. Mais, aussitôt après l'expulsion de l'ennemi, une nouvelle guérite avait poussé à la place de la première, une guérite grise avec de petites colonnes doriques blanches, et Yourko avait pu reprendre sa faction[5], « avec sa hallebarde et sa cuirasse de drap gris ».

Yourko connaissait presque tous les Allemands domiciliés aux alentours de la porte Nikitski. D'aucuns de ses amis venaient passer parfois, dans sa guérite, la nuit du dimanche au lundi.

Adrien s'empressa de lier connaissance avec ce vigile, dont les offices, tôt ou tard, pouvaient lui être utiles et, en passant à table, les deux compères prirent place côte à côte.

1. *Pogorelski :* écrivain contemporain de Pouchkine.

2. *Incendie de 1812 :* pour empêcher Napoléon de prendre Moscou en 1812, les Russes firent brûler la ville.

3. *Première capitale :* depuis 1715, Moscou avait cédé le titre de capitale de la Russie à Saint-Pétersbourg.

4. *Guérite :* abri d'une sentinelle ou d'un gardien.

5. *Faction :* garde.

M. et Mme Schultz, ainsi que Mlle Lottchen, leur fille âgée de dix-sept ans, tout en dînant avec les convives et leur faisant les honneurs de la table, aidaient la cuisinière à assurer le service. La bière coulait à flots. Yourko mangeait comme quatre; Adrien lui tenait tête; ses filles faisaient les importantes. Les propos, qui s'échangeaient en langue allemande, devenaient sans cesse plus bruyants.

Soudain l'hôte réclama le silence, déboucha une bouteille cachetée et proclama en russe :

— A la santé de ma bonne Louise!

Le mousseux pétilla. Maître Schultz déposa un baiser attendri sur le frais minois de sa quadragénaire épouse, et tous les invités vidèrent bruyamment leurs coupes à la santé de la bonne Louise.

— A la santé de mes aimables convives! annonça l'hôte en faisant sauter un second bouchon.

Et les convives de lui manifester leur gratitude en vidant leurs coupes encore une fois.

Là-dessus, les toasts succédèrent aux toasts. On trinqua à la santé particulière de chacun des invités, à celle de Moscou et d'une bonne douzaine de bourgs allemands; à la santé de toutes les corporations, en général et en particulier; à celle des maîtres et des apprentis.

Adrien buvait ferme et, mis en gaieté, finit par proposer un toast facétieux[1].

1. *Facétieux :* cocasse, drôle.

Tout à coup, l'un des convives, un gros boulanger, leva son verre et s'écria :

— A la santé de tous ceux pour qui nous travaillons, *unserer Kundleute*[1] !

La proposition, comme toutes les autres, fut adoptée joyeusement et à l'unanimité. Les invités se saluèrent mutuellement : le tailleur fit une révérence au cordonnier, le cordonnier au tailleur, le boulanger aux deux artisans, tout le monde au boulanger, et ainsi de suite. A l'issue de toutes ces grâces réciproques, Yourko se tourna vers son voisin et s'exclama :

— Eh bien, compère, bois donc à la santé de tes macchabées[2] !

Tout le monde éclata de rire, mais le marchand de cercueils, se jugeant offensé, se renfrogna. Personne ne s'en aperçut, les convives continuèrent de boire, et déjà l'on sonnait le service du soir[3], quand ils se levèrent de table.

Les dîneurs se séparèrent tard et passablement éméchés, pour la plupart. Le gros boulanger et le relieur, de qui la face elle-même semblait reliée de maroquin rouge, prirent Yourko sous les bras et le ramenèrent jusqu'à sa guérite, en évoquant le proverbe russe : « Bon créditeur rend monnaie à son prêteur ! »

Le marchand de cercueils regagna son logis ivre et furieux.

1. *Unserer Kundleute :* à la santé de mes clients.
2. *Macchabées :* morts, cadavres.
3. *Service du soir :* service religieux, messe célébrée le soir.

« De quoi, de quoi, ratiocinait-il tout haut, mon métier serait-il moins honnête que les autres ?... Le marchand de cercueils serait-il donc compère du bourreau ?... De quoi rient-ils, mécréants[1] ?... Le marchand de cercueils n'est tout de même pas un pitre de carnaval !... Et moi qui voulais les inviter tous à pendre la crémaillère, leur donner un festin de roi... Ça, jamais ! Tiens, j'inviterai plutôt ceux pour qui je travaille : mes bons macchabées orthodoxes !...

— Eh bien, eh bien, qu'est-ce que tu racontes ? fit la servante qui le déchaussait en ce moment... Fais vite le signe de croix ! Inviter les morts à pendre la crémaillère ! Fi donc ! quelle horreur !

— Parole d'honneur, je les invite ! Et pas plus tard que demain ! répliqua Adrien... Soyez les bienvenus, mes pères nourriciers ! Daignez me faire l'honneur de venir festoyer chez moi ! Ce sera à la bonne franquette, à la fortune du pot !... »

A ces mots, le marchand de cercueils gagna son lit, où bientôt il ronfla.

Il faisait encore nuit, quand on le réveilla. La marchande Trioukhina venait de rendre son âme à Dieu, et son commis avait dépêché un messager à cheval pour en aviser Adrien. Afin de récompenser un si beau zèle, le marchand de cercueils donna à l'ambassadeur dix kopecks de pourboire, s'habilla hâtivement, héla un fiacre et se fit conduire à Razgouliaï.

1. *Mécréants :* incroyants, impies.

Devant la porte de la défunte étaient déjà postés des agents de police, et des marchands faisaient les cent pas, comme des corbeaux qu'attire l'odeur de la mort. La trépassée, jaune comme cire, était étendue sur une table ; la décomposition n'avait pas encore altéré les traits de son visage. Autour d'elle se pressaient parents, voisins et gens de maison. Toutes les fenêtres étaient ouvertes, les cierges allumés. Des prêtres disaient les oraisons. Adrien s'approcha du neveu de Mme Trioukhina, un jeune gandin de marchand, vêtu comme une gravure de mode, et lui annonça que la bière, les cierges, le drap mortuaire et autres accessoires funèbres allaient être livrés séance tenante et en parfait état. L'héritier remercia distraitement, en spécifiant qu'il ne marchandait point et s'en remettait à son honnêteté. Le marchand de cercueils jura, selon son habitude, qu'il ne prendrait pas un kopeck de trop, échangea un coup d'œil significatif avec le commis et s'en fut vaquer aux démarches nécessaires.

Tout le jour, il fit la navette entre Razgouliaï et la porte Nikitski ; au soir, tout était prêt, et Adrien put rentrer chez lui, à pied, après avoir renvoyé son fiacre. Il faisait clair de lune. Le marchand de cercueils atteignit sans encombre la porte Nikitski. Près de l'Ascension, il fut interpellé par notre ami Yourko, qui, le reconnaissant, lui souhaita une bonne nuit. Il était tard. Le marchand de cercueils approchait déjà de sa maison, quand il lui sembla voir quelqu'un ouvrir la barrière, puis disparaître à l'intérieur.

« Qu'est-ce que cela pourrait bien vouloir dire? se demanda Adrien. Qui donc aurait encore besoin de moi?... Ne serait-ce pas un cambrioleur?... Ou des galants qui viendraient rendre visite à mes oies?... Possible, après tout! »

Déjà le marchand de cercueils songeait à appeler son ami Yourko à la rescousse, mais en ce moment une autre silhouette s'approcha de la barrière et allait la pousser, quand elle s'arrêta, en apercevant Adrien qui accourait à toutes jambes, et ôta son tricorne[1].

Adrien crut reconnaître le visage, mais, pressé comme il l'était, n'eut pas le loisir de l'examiner.

— Vous venez me voir, dit-il tout essoufflé... Donnez-vous donc la peine d'entrer.

— Foin de cérémonies, mon brave, rétorqua l'autre d'une voix sourde... Passe devant et montre le chemin à tes invités.

Recommandation superflue, car Adrien n'avait pas le temps de faire des cérémonies.

La barrière était ouverte; il monta l'escalier; l'autre le suivit. Adrien eut l'impression qu'une multitude de gens marchaient dans son logement.

« Quelle diablerie!... » songea-t-il.

Il se hâta d'entrer et... ses jambes se dérobèrent. La pièce était pleine de morts. La lune, à travers les fenêtres, éclairait leurs visages jaunes

1. *Tricorne :* chapeau à trois bords.

et bleus, leurs bouches ravalées, leurs yeux glauques et mi-clos, leurs nez pointus... Adrien reconnut avec horreur la clientèle ensevelie par ses soins et s'aperçut que lui-même était entré en compagnie du brigadier retraité, enterré par une pluie battante.

Tous les visiteurs, hommes et femmes, firent cercle autour de lui avec force compliments et révérences ; un seul se tenait à l'écart, un gueux récemment inhumé gratis, qui se tenait dans un coin, honteux de ses haillons. Les autres étaient décemment vêtus : les défuntes exhibaient coiffe et rubans ; les défunts gradés étaient en uniforme, mais avec une barbe vieille de plusieurs jours ; les marchands arboraient leurs cafetans des grandes occasions.

— Tu vois, Prokhorov, dit le brigadier, prenant la parole au nom de toute l'honorable société, tu vois, nous nous sommes levés pour répondre à ton invitation. Seuls, les impotents[1] sont restés à la maison : ceux qui sont tombés définitivement en poussière, ceux qui n'ont plus que les os, sans la peau... Et cependant, il y en a un qui n'a pu résister au désir de te voir...

En ce moment, un petit squelette se fraya un chemin à travers la foule et s'approcha d'Adrien. Son crâne souriait affectueusement au marchand de cercueils. Des lambeaux de drap rouge et vert clair, des vestiges de toile pendaient de-ci, de-là, comme sur une perche ; les tibias,

1. *Impotents :* infirmes, invalides.

dans ses grosses bottes, ballottaient comme le pilon dans le mortier.

— Tu ne me reconnais pas, Prokhorov? fit le squelette. Te souviens-tu de Piotr Pétrovitch Kourilkine, sergent de la Garde retraité, à qui tu vendis, en 1799, ton premier cercueil... Du sapin pour du chêne, par-dessus le marché...

A ces mots, le squelette voulut l'étreindre entre ses os, mais Adrien, prenant ses forces à deux mains, jeta un cri et le repoussa. Piotr Pétrovitch chancela, s'affaissa et tomba en miettes. Un murmure d'indignation s'éleva parmi les morts. Chacun voulait défendre l'honneur du camarade; tous harcelaient Adrien, en proférant force injures et menaces. Le malheureux maître de maison, assourdi par leurs cris et presque étouffé, perdit contenance[1], se laissa choir sur les os du sergent retraité et s'évanouit.

Depuis longtemps, le soleil éclairait le lit, où reposait le marchand de cercueils. En fin de compte, il ouvrit les yeux et aperçut la servante, qui attisait le feu du samovar. Terrifié, Adrien se souvint des événements de la veille. Mme Trioukhina, le brigadier et le sergent Kourilkine se présentèrent confusément à son imagination. Il attendit, sans souffler mot, que la servante parlât la première et fît allusion aux incidents de la nuit.

— Tu as piqué un fameux somme, Adrien Prokhorovitch, dit Aksinia en lui passant sa robe

1. *Perdit contenance :* perdit son sang-froid.

de chambre... Le tailleur, notre voisin, est venu te voir, et puis aussi le veilleur de nuit, pour t'annoncer qu'aujourd'hui c'est la fête du commissaire du quartier, mais tu dormais, et nous n'avons pas voulu te réveiller...

— Est-on venu me chercher de la part de la défunte Trioukhina ?

— La défunte ?... C'est donc qu'elle est morte ?

— Voyez la sotte ! ne m'as-tu pas aidé toi-même à m'occuper hier de son enterrement ?

— Allons, allons, mon maître ! Tu divagues, ou bien c'est le vin d'hier au soir qui te monte encore à la tête !... Quel enterrement ? Tu as passé quasiment toute la journée à ripailler chez l'Allemand, tu es rentré saoul, t'es affalé sur ton lit et tu as dormi jusqu'à tout de suite, passé l'heure de la messe.

— Bien vrai ? fit le marchand de cercueils, tout réjoui.

— Pour sûr ! répondit la servante.

— Dans ce cas, sers-moi vite le thé et appelle les filles !

9 octobre. Boldino. 1830.

LA DEMOISELLE-PAYSANNE

> Quels que soient tes atours,
> Mignonne, tu es belle...
>
> BOGDANOVITCH[1].

Dans une de nos provinces reculées se trouvait le domaine d'Ivan Pétrovitch Berestov. Jeune homme, il avait servi dans la Garde; retraité au début de 1797[2], il s'était retiré sur ses terres et, depuis lors, ne les avait plus quittées.

Ivan Pétrovitch avait été marié à une demoiselle noble, mais sans fortune, qui était morte en couches pendant que son mari parcourait les champs. Les occupations domestiques eurent tôt fait de le consoler. Il fit bâtir une maison, dont il dressa lui-même les plans, monta une fabrique de drap, tripla ses revenus et finit par se considérer comme le personnage le plus sensé de tout le pays. Du reste, ses voisins, qui

1. *Bogdanovitch :* poète russe (1743-1803).
2. *Début de 1797 :* avènement de Paul Ier. Il persécuta les officiers de la Garde.

venaient demeurer chez lui avec leurs familles et leurs chiens, n'avaient cure[1] de le contredire.

Les jours de semaine, il allait en blouse de velours ; pour les fêtes, il passait un surtout de drap de fabrication domestique, tenait lui-même ses comptes et ne lisait rien, hormis la *Gazette du Sénat*. On l'aimait en général, bien qu'on lui reprochât d'être fier. Seul Grigori Ivanovitch Mouromski, son plus proche voisin, n'arrivait pas à s'entendre avec lui. Celui-là était un véritable gentilhomme campagnard russe. Ayant dilapidé à Moscou le plus clair de sa fortune, étant devenu veuf à la même époque, il s'était retiré dans son ultime domaine, où il continuait ses fredaines[2], mais dans un autre genre.

Mouromski se fit tracer un parc à l'anglaise, dont l'entretien dévorait presque tous les revenus qui lui restaient. Ses palefreniers exhibaient la tenue des jockeys d'Angleterre. Sa fille avait pour gouvernante une Anglaise. Les terres étaient cultivées selon la méthode britannique...

« Mais, le blé russe ne naît point à la mode étrangère » et, bien qu'il eût fortement comprimé ses dépenses, les revenus de Grigori Ivanovitch n'augmentaient pas pour autant. Même au village, il trouvait moyen de contracter de nouvelles dettes ! Avec tout cela, il avait la réputation d'être un homme passablement intelligent, car, le premier de toute la région, il avait

1. *N'avaient cure :* ne voulaient pas.
2. *Fredaines :* sottises, folies.

eu la sagacité d'hypothéquer[1] son domaine au Crédit foncier, une opération qui était considérée, en ce temps-là, comme extrêmement audacieuse et compliquée.

De tous ceux qui le critiquaient, Berestov était le plus sévère. La haine des innovations était le trait saillant de son caractère. Il ne pouvait parler sans perdre son calme de l'anglomanie[2] de son voisin et ne manquait jamais un prétexte pour le condamner. Faisait-il à un hôte les honneurs de ses terres et entendait-il louer leur bonne tenue, qu'aussitôt il lançait avec un sourire malicieux :

— Mais oui, mais oui, bien sûr, ce n'est pas comme chez mon voisin Grigori Ivanovitch... Est-ce à nous autres de nous ruiner à l'anglaise, hé, hé !... N'en demandons pas tant, contentons-nous d'avoir de quoi manger, à la russe !

Ces sortes de plaisanteries, soigneusement commentées et enjolivées, étaient immédiatement transmises à Grigori Ivanovitch par des voisins empressés. L'anglomane supportait les critiques avec autant de patience que nos journalistes : il devenait furieux et traitait son zoïle d'ours et de provincial.

Telles étaient les relations entre ces deux propriétaires, à l'époque où le fils de Berestov débarqua dans le village de son père. Le jeune

1. *Hypothéquer :* garantir, offrir comme gage.

2. *Anglomanie :* manie d'imiter les Anglais et leurs usages.

homme avait fait ses études à l'université de X... Il projetait d'embrasser la carrière militaire, mais son père s'y opposait. Et cependant, le jeune homme ne se sentait pas la moindre disposition pour la vie de fonctionnaire. Aucun des deux ne voulait céder et, pour le moment, Alexis résolut de mener une existence de fils de hobereau [1], en laissant pousser sa moustache, à tout hasard.

Notre Alexis, convenons-en, était un franc gaillard. C'eût été vraiment dommage que l'uniforme de l'armée ne sanglât jamais sa svelte taille et qu'au lieu de caracoler fièrement, il passât sa jeunesse, courbé sur des paperasses. A le voir à la chasse, galoper toujours de l'avant, sans s'inquiéter du chemin, les voisins décrétaient à l'unanimité qu'il ne ferait jamais un chef de bureau convenable. Les jeunes filles le regardaient, que dis-je, le lorgnaient, mais Alexis ne leur prêtait aucune attention, et l'on imputait cette réserve à une liaison amoureuse. Du reste, en effet, l'on se passait de main en main la copie de l'adresse d'une de ses lettres :

« Pour Akoulina Pétrovna Kourotchkina, à Moscou, chez le chaudronnier Savéliev, face au monastère de Saint-Alexis, avec l'instante prière de transmettre ce message à A.N.R. »

Ceux de mes lecteurs, qui n'ont jamais vécu à la campagne, ne peuvent s'imaginer le charme des jeunes filles de district! Élevées au grand air,

1. *Hobereau :* gentilhomme campagnard de petite noblesse qui vit sur ses terres.

à l'ombre des pommiers, elles puisent dans la lecture leur connaissance du monde et de la vie. L'isolement, la liberté et le commerce des livres développent de bonne heure, en elles, des sentiments et des passions que ne connaissent point nos frivoles beautés. Pour une jeune fille, le grelot d'une troïka[1] est déjà une aventure; une excursion à la ville toute proche fait époque dans l'existence; le passage d'un hôte laisse un souvenir durable, voire éternel...

Bien sûr, libre à chacun de rire de certaines de leurs bizarreries. Et cependant, les boutades de l'observateur superficiel ne peuvent porter atteinte à leurs qualités essentielles, dont la plus claire est sans doute cette particularité de caractère, cette individualité, sans quoi, de l'avis de Jean-Paul[2], il n'est point de dignité humaine.

Il se peut que dans les capitales, les femmes reçoivent une meilleure instruction, mais l'habitude du monde a vite fait de niveler les caractères et de rendre leurs âmes aussi uniformes que leurs coiffures. Ceci n'étant point dit, d'ailleurs, en manière de jugement ou de critique, mais *nota nostra manet*, comme l'écrit un ancien commentateur...

On imagine sans peine l'impression que dut produire Alexis dans l'aréopage de nos demoiselles. Pour la première fois, elles apercevaient

1. *Troïka :* grand traîneau attelé à trois chevaux.

2. *Jean-Paul :* surnom d'un écrivain allemand (1763-1825) qui présente un univers de rêve, de lyrisme et d'idéalisme, alors à la mode.

un jeune homme sombre et désenchanté; pour la première fois, il leur parlait de ses joies perdues, de sa jeunesse flétrie... Ajoutez encore à cela qu'il portait une bague noire avec une tête de mort. Tout cela était prodigieusement neuf dans cette province, et les jeunes filles étaient folles d'Alexis.

Mais aucune ne s'intéressait à lui comme Lise, la fille de mon anglomane (ce dernier l'appelait plus volontiers Betsy). Les deux pères ne se rendaient point visite; Lise n'avait pas encore vu Alexis, alors que toutes les jeunes voisines ne juraient plus que par lui.

Lise avait dix-sept ans. Ses yeux noirs égayaient un visage agréable à la peau brune. Elle était fille unique, et donc, enfant gâtée. Sa vivacité et ses fréquentes incartades[1] ravissaient Grigori Ivanovitch, mais faisaient le désespoir de miss Jackson, une demoiselle quadragénaire, guindée, qui se passait les joues au blanc, se fardait les yeux, relisait *Pamela*[2] deux fois l'an, recevait pour cela deux mille roubles et se mourait d'ennui dans cette barbare Russie.

Lise avait une servante, Nastia. Elle était un peu plus âgée que sa maîtresse, mais aussi écervelée. Lise l'aimait beaucoup, n'avait point de secrets pour elle et la versait dans tous ses complots. Bref, Nastia était, au village de Pri-

1. *Incartades :* caprices, écarts de conduite.

2. *Pamela :* roman de l'Anglais Richardson (1689-1761), paru en 1740; très pathétique, il connut un grand succès.

loutchino, une personne singulièrement plus importante que n'importe quelle confidente de tragédie française.

— Me permettrez-vous de sortir aujourd'hui ? dit un jour la soubrette en habillant sa maîtresse.

— Parfait. Mais où vas-tu ?

— A Touguilovo, chez les Berestov. C'est la fête de la femme du cuisinier ; elle est venue nous inviter hier.

— Bravo ! répliqua Lise. Les maîtres se chamaillent et les serviteurs s'invitent à dîner !

— Qu'est-ce que vous voulez qu'ils nous fassent, les maîtres ?... De plus, je suis à vous et non pas à votre papa. Vous ne vous êtes pas encore querellée avec le jeune Berestov, pas ?... Laissez les vieux se chamailler, si ça leur chante !

— Nastia, tâche de voir Alexis Berestov et raconte-moi comme il est fait et quel genre d'homme c'est.

Nastia promit de faire de son mieux, et, durant toute la journée, Lise guetta son retour avec impatience.

La soubrette revint au soir.

— Vous savez, Lisaveta Grigorievna, je l'ai vu, le jeune homme, et bien vu, parce que nous avons passé toute la journée avec lui.

— Comment cela ?... Raconte, raconte-moi tout depuis le commencement.

— Eh bien, voici. Nous sommes parties, nous quatre : Anissia Iégorovna, Nenila, Dounka et votre servante...

— Oui, oui, je le sais !... Après ?...

— Attendez, Mademoiselle, attendez que je vous raconte tout dans l'ordre. Comme quoi, nous sommes arrivées juste pour le dîner. La chambre était pleine d'invités. Des gens de Kolbino, de Zakharievo, la femme de l'intendant avec ses filles, des gens de Khloupino...

— Bon, bon... et Berestov?

— Un instant, Mademoiselle, un instant... Nous nous sommes donc attablées : la femme de l'intendant à la place d'honneur, votre servante à côté d'elle... les filles faisaient une tête comme ça, mais je m'en fiche, je leur crache dessus...

— Nastia, si tu savais comme tu peux être fastidieuse avec tes détails continuels!

— Oh, vous êtes bien impatiente, Mademoiselle!... Bon, alors nous sommes sorties de table... On y était bien resté trois heures, rapport à ce que le dîner était fameux : du blanc-manger bleu, rouge et panaché... Bon, alors nous sommes sorties de table pour aller dans le jardin et jouer à colin-maillard, quand le jeune maître est arrivé...

— Eh bien, est-il aussi beau qu'on le dit?

— Extraordinairement. Un vrai bel homme, c'est bien le cas de le dire. Élancé, grand, les joues rouges comme des pommes...

— Tiens, et moi qui le croyais tout pâle!... Eh bien, comment l'as-tu trouvé : triste, rêveur?...

— Oh! la! la! Je n'ai jamais vu personne plus enragé que lui!... Figurez-vous qu'il s'est avisé de jouer à colin-maillard avec nous autres...

— A colin-maillard?... avec vous?... C'est impossible!

— Oh, que si, je vous le jure!... Même qu'il a inventé un drôle de jeu : sitôt qu'il en attrapait une, il vous l'embrassait!

— Libre à toi de me raconter tout ce que tu voudras, mais tu mens, Nastia.

— Libre à vous de ne pas croire, mais je ne mens point. Même que j'ai eu du mal à me débarrasser de lui. Toute la journée qu'il a joué avec nous autres!

— Mais alors, pourquoi raconte-t-on qu'il est amoureux et ne regarde personne?

— Pour ça, Mademoiselle, je n'en sais rien. En tous les cas, moi, il m'a bien regardée, un peu trop même, et puis aussi Tania, la fille de l'intendant, et la Pacha de Kolbino... Ma foi, ce serait péché de dire qu'il en a oublié une : un fripon, quoi!

— C'est extraordinaire!... Et qu'est-ce que ses gens disent de lui?

— Un bien brave maître, qu'ils disent, si bon, si gai. Un problème seulement : il aime un peu trop courir les filles. Mais pour moi, ça n'est pas un malheur : il s'assagira avec le temps.

— Oh, comme j'aurais aimé le voir! soupira Lise.

— Qu'y a-t-il de sorcier à ça?... Touguilovo n'est pas loin, trois verstes[1] à peine. Allez vous promener de ce côté-là, à pied ou à cheval : pour

1. *Verste :* mesure russe, environ 1 000 m.

sûr que vous le rencontrerez... Chaque jour, le matin de bonne heure, il va à la chasse, avec son fusil.

— Oh, non ! Ce ne serait pas bien. Il pourrait croire que je cours après lui. De plus, nos pères sont fâchés et, de toute manière, je ne pourrai pas faire sa connaissance... Oh, Nastia, sais-tu ce que je vais faire ?... Je vais me travestir en paysanne !

— De vrai : mettez une chemise de grosse toile, un sarafane [1] et allez carrément à Touguilovo. Là, je vous réponds que le Berestov ne vous manquera pas !

— De plus, je sais très bien parler comme les gens du pays... Oh, Nastia, chère Nastia, quelle excellente idée !

Et Lise se coucha, fermement décidée à réaliser son plaisant projet.

Dès le lendemain, elle mit tout en œuvre : envoya chercher au marché de la grosse toile, du nankin bleu et des boutons de cuivre ; aidée de Nastia, elle se tailla une chemisette et un sarafane, mit à coudre toutes les servantes, tant et si bien qu'au soir tout était prêt. Lise essaya sa nouvelle toilette et dut s'avouer, devant une glace, que jamais elle ne s'était trouvée plus belle. Ensuite, elle répéta son rôle. S'exerça à saluer très bas, en marchant, à hocher la tête comme un magot chinois, à parler patois, à rire,

1. *Sarafane :* robe d'apparat de la paysanne russe, très colorée.

Ch. Phil

en se cachant le visage avec sa manche... Nastia ne lui ménagea pas son approbation. Une seule chose chiffonnait Lise : elle avait tenté de traverser la cour, les pieds nus, mais les herbes piquantes déchiraient ses tendres pieds; le contact du gravier et du sable lui parut insupportable.

Une fois encore, Nastia sauva la situation : elle prit mesure du pied de Lise, courut chez Trofime, le pâtre[1], et lui commanda une paire de chaussons tressés en tille.

Le lendemain matin, Lise se réveilla avec les coqs. Toute la maisonnée dormait encore. Nastia guettait le pâtre devant la porte cochère. On entendit le son de sa corne, et le troupeau défila devant le manoir. En passant devant Nastia, le pâtre lui remit une paire de sandales, menues et bariolées, et reçut cinquante kopecks de récompense. Lise, sans faire de bruit, se travestit en paysanne; à voix basse, elle donna à Nastia des instructions concernant miss Jackson, sortit par le perron de derrière, traversa le potager et gagna la campagne.

L'aurore brillait à l'Orient et les nuages, en rangs dorés, attendaient le soleil, comme les courtisans guettent le souverain. Le ciel clair, la fraîcheur de l'aube, la rosée, une brise légère et le pépiement des oiseaux — tout cela remplissait le cœur de Lise d'une gaieté enfantine. Dans sa crainte de rencontrer quelqu'un de connais-

1. *Pâtre :* berger.

sance, elle ne marchait pas, mais semblait voler. En approchant du bosquet, qui se trouvait à la limite des terres paternelles, elle ralentit sa course. C'était là qu'elle devait attendre Alexis. Son cœur battait vite et fort, sans qu'elle sût pourquoi. Mais, au fait, l'émotion, compagne inséparable des folies de jeunesse, n'en constitue-t-elle pas le principal attrait?

Lise pénétra dans la pénombre du bosquet. Une rumeur, sourde et inégale comme un bruit de ressac, salua la jeune fille. Sa gaieté s'apaisa. Petit à petit, elle s'abandonna à une douce rêverie. A quoi songeait-elle?... Voyons, est-il possible de savoir au juste à quoi pense une jeune fille de dix-sept ans, seule, dans un bosquet, à la sixième heure d'un jour de printemps?

Or donc, toute rêveuse, elle longeait la route, que bordaient de grands arbres, quand soudain un magnifique chien d'arrêt l'apostropha en aboyant. Au même instant, elle perçut une exclamation : « *Tout beau, Sbogar, ici*[1]... », et un jeune chasseur apparut derrière les buissons...

— N'aie pas peur, mignonne, dit-il à Lise, il ne mord pas...

Remise de sa frayeur, Lise sut aussitôt tirer parti des circonstances.

— Eh non, maître, fit-elle avec une mine mi-timide, mi-farouche, j'ai peur... Vois comme il est méchant; il va encore se jeter sur moi.

1. Le français dans le texte est indiqué par un astérisque.

Alexis (mon lecteur l'aura reconnu déjà) examinait attentivement la jeune paysanne.

— Je vais te faire un bout de conduite, proposa-t-il. Tu permets que je marche à côté de toi?

— Et pourquoi pas? répliqua Lise. La route est à tout le monde, chacun est libre de faire ce qu'il lui chante!

— D'où viens-tu?

— De Priloutchino. Je suis la fille de Vassili, le forgeron. Je suis venue aux champignons.

(En effet, elle portait un petit panier, suspendu à une ficelle.)

— Et toi, maître?... Tu viens de Touguilovo?

— Oui, répondit Alexis, mais je suis le valet de chambre du jeune maître.

Alexis voulait égaliser leurs conditions, mais Lise pouffa de rire, l'ayant dévisagé.

— À d'autres! On n'est pas si bête! Je vois bien que tu es le maître!

— Qu'est-ce qui te fait penser cela?

— Tout!

— Mais encore?

— Comme si on pouvait confondre un maître et un domestique! Tu n'es pas habillé de la même manière, tu causes autrement et puis tu n'appelles pas ton chien comme nous autres.

Lise plaisait de plus en plus à son interlocuteur. Accoutumé à ne pas y aller par quatre chemins avec les jeunes paysannes, il fit mine de l'étreindre, mais la jeune fille s'écarta d'un bond et prit un air froid et sévère qui, bien qu'il amusât Alexis, l'empêcha de se livrer à d'autres tentatives.

— Monsieur, si vous tenez à ce que nous restions amis, prononça-t-elle gravement, veuillez ne pas vous oublier!

— Oh! oh! qui est-ce qui t'a appris des phrases aussi savantes? demanda Alexis, qui pouffait de plus belle. Ne serait-ce pas Nastenka, ma jeune amie, la soubrette de votre maîtresse?... Et voilà par quelles voies se propage l'instruction!

Lise, s'étant rendu compte qu'elle avait oublié son rôle, s'empressa de se reprendre :

— Crois-tu donc que je ne vais jamais chez les maîtres? J'en ai vu et j'en ai entendu des choses, pour sûr! Mais, continua-t-elle, je bavarde avec toi et ce n'est pas comme cela que je remplirai mon panier. Allez, maître, va de ton côté et moi j'irai du mien. Adieu.

Lise fit mine de s'éloigner, mais Alexis la retint par la main.

— Comment t'appelles-tu, mon âme?

— Akoulina, répondit Lise, en s'efforçant de dégager ses doigts... Allons, allons, lâche-moi : il faut que je rentre...

— Akoulina, mon amie, sache bien que je ne manquerai pas de venir rendre visite à ton père, le forgeron Vassili...

— De quoi, de quoi? Au nom du Christ, n'y va pas, se défendit vivement la jeune fille... Si jamais on apprend que j'ai bavardé, seule, dans un bosquet, avec le maître, ça ira mal pour moi.

Mon père, le forgeron Vassili, me battra à mort...

— Mais c'est que je tiens absolument à te revoir.

— Eh bien ! je reviendrai un jour par ici aux champignons...

— Quand ?

— Tiens, demain, par exemple.

— Chère Akoulina, je t'aurais embrassée, mais je n'ose le faire... Alors demain à la même heure ?... C'est promis ?...

— Oui, oui.

— Tu ne me tromperas point ?

— Non, non.

— Jure-le !

— Tiens, je le jure par le Vendredi saint, je viendrai !

Les jeunes gens se quittèrent. Lise sortit du bois, traversa les champs, se faufila dans le verger et courut à toutes jambes en direction de la ferme, où l'attendait Nastia. Arrivée là, elle se changea, tout en répondant distraitement aux questions impatientes de sa confidente, et se rendit au salon.

La table était servie, le déjeuner prêt et miss Jackson, fardée et corsetée « à la taille de guêpe », découpait de fines tartines. Mouromski félicita Lise pour sa sortie matinale.

— Rien n'est plus sain que de se réveiller à l'aube, observa-t-il.

Là-dessus, il cita quelques exemples de longévité, empruntés à des revues anglaises, en spécifiant que les centenaires n'avaient jamais pris d'eau-de-vie et s'étaient tous levés avec le soleil, hiver comme été.

Lise ne l'écoutait pas. Elle évoquait mentalement tous les détails de sa rencontre matinale, toute la conversation d'Akoulina avec le jeune chasseur, et le remords commençait de la tourmenter. Vainement, elle se persuadait que leur entretien n'avait jamais dépassé les bornes de la bienséance[1], que son incartade ne pouvait avoir aucune conséquence : sa conscience parlait plus haut que sa raison. Et surtout rien ne l'inquiétait comme la promesse qu'elle avait donnée pour le lendemain : elle faillit même se résoudre à ne pas tenir son serment solennel. Pourtant Alexis, après l'avoir attendue inutilement, pouvait s'en venir au village, rechercher la fille de Vassili le forgeron, la véritable Akoulina, une grosse fille au visage grêlé, et découvrir sa supercherie. Cette éventualité l'épouvanta et elle décida de retourner dans le bosquet, le lendemain matin, travestie en Akoulina.

Alexis, de son côté, était dans le ravissement. Tout le jour, il pensa à sa nouvelle amie. La nuit, l'image de la belle enfant brune hanta son imagination.

L'aube se levait à peine, qu'il était déjà tout habillé. Sans même prendre le temps de charger son fusil, il sortit avec son fidèle Sbogar et cou-

1. *Bienséance :* ce qui est convenable pour une jeune fille.

rut au lieu du rendez-vous. Près d'une demi-heure s'écoula dans une intolérable attente; enfin, il aperçut, à travers les buissons, le sarafane bleu de la chère Akoulina et s'élança au-devant d'elle. La jeune fille sourit à ses transports de gratitude, mais Alexis lut aussitôt sur son visage des traces d'inquiétude et de tristesse. Il voulut en connaître la raison.

Lise avoua que sa propre conduite lui semblait frivole; elle s'en repentait; pour cette fois, elle avait voulu tenir sa promesse, mais leur rencontre serait la dernière, car elle demandait à son compagnon de couper court à leurs relations, dont il ne pouvait résulter rien de bon. Toutes ces choses furent dites en patois, comme il se devait; cependant les idées et les sentiments exprimés par Lise, passablement inattendus de la part d'une villageoise, frappèrent Alexis. Il déploya toute son éloquence pour détourner Akoulina de sa résolution, la persuada de l'innocence de ses propres désirs, promit de ne jamais rien entreprendre qu'elle regrettât ensuite et de lui obéir en tout, la conjura de ne point le priver de son unique joie, celle de la voir en tête à tête, ne serait-ce que tous les deux jours ou même deux fois par semaine. Son langage était celui de la vraie passion et, en ce moment, il était réellement épris.

Lise l'écoutait en silence.

— Jure-moi, lui dit-elle enfin, jure-moi de ne jamais me rechercher dans le village, de ne jamais interroger personne sur moi. Jure-moi de ne pas essayer de provoquer d'autres rencontres que celles que je fixerai moi-même.

Alexis allait déjà le lui jurer par le Vendredi saint quand elle l'interrompit avec un sourire.

— Je n'ai pas besoin de tes serments. Ta promesse me suffira.

Après cela, ils conversèrent amicalement, en se promenant dans le bois, jusqu'à ce que Lise dise à son compagnon : « Il est temps de partir. »

Ils se quittèrent, et Alexis, resté seul, se demanda comment une petite villageoise avait pu, en deux entrevues, réussir à prendre sur lui un réel ascendant. Ses rapports avec Akoulina avaient tout l'attrait de la nouveauté et, bien que les conditions prescrites par cette étrange paysanne lui semblassent parfois pénibles à remplir, l'idée ne l'effleura même pas de ne pas tenir parole. Il faut vous dire qu'Alexis, en dépit de la bague fatale, malgré sa correspondance mystérieuse et son ténébreux désenchantement, était un brave et ardent garçon, au cœur pur, capable de goûter le charme de l'innocence.

Si je n'écoutais que mon bon vouloir, je ne manquerais pas de vous décrire par le menu les rendez-vous des deux jeunes gens, leur penchant mutuel et leur confiance grandissante, leurs occupations et leurs propos. Mais non, je sais que la majorité des lecteurs ne partagerait pas mon plaisir. Ces sortes de détails sont généralement fades, aussi les omettrai-je et me contenterai-je d'observer qu'au bout de deux mois à peine notre Alexis était éperdument amoureux, et Lise, quoique plus réservée en apparence, ne l'était pas moins. Heureux dans le présent, les deux jeunes gens songeaient peu à l'avenir.

La pensée de liens indissolubles[1] traversait assez souvent leur esprit, mais jamais ils ne l'exprimaient tout haut entre eux. La raison en était claire : malgré tout son attachement à sa chère Akoulina, Alexis ne pouvait pas oublier l'écart entre lui-même et une pauvre villageoise ; Lise, de son côté, connaissait l'animosité[2] réciproque des pères, n'osait compter sur une réconciliation. En outre, son amour-propre était secrètement piqué par un sombre et romanesque espoir de voir enfin le jeune maître de Touguilovo aux pieds de la fille du forgeron de Priloutchino.

Un événement grave faillit soudain changer leurs relations.

Par une matinée claire et froide (l'automne russe n'en est point avare), Ivan Pétrovitch Berestov s'en était allé faire une sortie à cheval, emmenant avec lui, à tout hasard, trois couples de lévriers, un piqueur et quelques gamins armés de crécelles[3]. A la même heure, Grigori Ivanovitch Mouromski, séduit par le beau temps, faisait seller sa jument courtaude[4] et par-

1. *Liens indissolubles :* que rien ne peut dissoudre, liens du mariage.

2. *Animosité :* peu de sympathie.

3. *Crécelle :* instrument de bois, dont le moulinet produit un bruit déplaisant.

4. *Courtaude :* basse sur pattes.

tait au trot pour visiter ses terres *anglicisées*. En approchant du bois, il aperçut son voisin, fier et droit en selle, vêtu d'une casaque doublée de renard, guettant l'apparition du lièvre que ses gamins étaient en train de débusquer, à grand renfort de cris et de bruit de crécelle.

Si Grigori Ivanovitch avait pu prévoir cette rencontre, il aurait assurément tourné bride, mais il était tombé sur Berestov inopinément et s'était trouvé soudain en face de lui, à la distance d'une portée de pistolet. Il n'y avait rien à faire. En Européen civilisé, Mouromski aborda son ennemi en le saluant courtoisement. Berestov lui rendit son salut avec autant de grâce que l'ours incline la tête devant les *maîtres*, à l'injonction de son montreur.

En ce moment, un lièvre bondit de derrière les buissons et fila à travers champs. Berestov et son piqueur poussèrent un cri strident, lâchèrent les chiens et s'élancèrent au galop. Le cheval de Mouromski, qui n'avait jamais pris part à la chasse, fit un écart et s'emballa. Le hobereau, qui se flattait d'être un excellent cavalier, rendit la main, ravi, dans son for intérieur, du hasard qui le débarrassait d'une rencontre inopportune. Mais la jument, devant un fossé qu'elle n'avait pas aperçu, se jeta soudain de côté et Mouromski fut désarçonné. Lourdement affalé sur la terre gelée, il maudit sa jument courtaude ; cette dernière se ressaisit et s'arrêta aussitôt qu'elle se sentit sans cavalier.

Ivan Pétrovitch accourut au galop et demanda

à Mouromski s'il n'était pas blessé. Le piqueur, pendant ce temps, amenait par la bride la jument coupable. Il aida Grigori Ivanovitch à se remettre en selle ; Berestov l'invita à déjeuner. Mouromski ne pouvait refuser, car il se sentait l'obligé de son ennemi. De cette façon, Berestov regagna glorieusement son manoir, fort de la double victoire remportée sur un lièvre et sur l'adversaire blessé, qui le suivait quasiment comme un prisonnier de guerre.

Pendant le déjeuner, la conversation prit un tour assez cordial[1]. Mouromski demanda à Berestov de bien vouloir lui prêter une voiture, car ses contusions l'empêchaient de rentrer à cheval. Berestov le conduisit jusqu'au perron et Mouromski ne partit qu'après avoir fait jurer à son voisin de venir dîner chez lui le jour suivant, en compagnie de son fils.

C'est ainsi qu'une inimitié ancienne et profondément enracinée allait, semblait-il, prendre fin grâce à l'humeur ombrageuse d'une jument courtaude.

Lise accourut au-devant de son père.

— Qu'est-ce à dire, papa ? fit-elle, toute surprise... Vous boitez ?... Où est votre cheval ? A qui appartient cette voiture ?...

— Tu ne le devineras jamais, *my dear*, répondit Grigori Ivanovitch, qui mit sa fille au courant de tous les événements.

Lise n'en croyait pas ses oreilles. Son père,

1. *Cordial :* amical.

sans lui laisser le temps de se ressaisir, lui annonça que les deux Berestov, père et fils, viendraient à dîner le lendemain.

— Oh, mon Dieu! que dites-vous là! répliqua-t-elle en pâlissant... Les Berestov... le père et le fils... à dîner chez nous demain!... Papa, faites ce que bon vous semblera, mais je ne me montrerai en aucun cas!

— Qu'as-tu donc, tu es folle?... Y a-t-il longtemps que tu es devenue si timide?... Ou bien, tu nourris à leur égard une haine familiale, comme une héroïne de roman?... Allons, allons, ne fais pas la sotte...

— Non, papa, en aucun cas, à aucun prix, je ne verrai les Berestov.

Grigori Ivanovitch haussa les épaules, n'insista plus, sachant bien qu'on n'obtenait rien de sa fille par la controverse[1], et alla se reposer de cette mémorable aventure.

Lisaveta Grigorievna se retira dans sa chambre et convoqua Nastia. Longtemps, elles épiloguèrent sur cette visite, prévue pour le jour suivant. Que penserait Alexis s'il reconnaissait son Akoulina dans cette jeune fille parfaitement élevée?... Que penserait-il de sa conduite, de ses principes et de son bon sens?... D'un autre côté, Lise était curieuse de voir l'impression que lui produirait une rencontre aussi imprévue... Soudain, une idée lui traversa l'esprit. Elle en fit part à Nastia; toutes deux s'en amusèrent comme

1. *Controverse :* débat, discussion.

d'une trouvaille et résolurent de la mettre à exécution.

Le lendemain, pendant le déjeuner, Grigori Ivanovitch demanda à sa fille si elle avait toujours l'intention de se cacher des Berestov.

— Papa, répondit-elle, je les recevrai, puisque vous y tenez, mais à une condition : quelle que soit ma tenue, quelle que soit ma conduite, vous ne vous fâcherez pas et ne manifesterez aucun signe de surprise ou de mécontentement.

— Toujours espiègle ! répliqua en riant Grigori Ivanovitch... Bon, bon, soit : fais tout ce qui te plaira, mon petit démon aux yeux noirs.

À ces mots, il la baisa au front, et Lise courut prendre ses dispositions.

À deux heures précises, une calèche de fabrication domestique, attelée de six chevaux, pénétra dans la cour et fit le tour de la pelouse verte. Le vieux Berestov mit pied sur le perron, soutenu par les deux laquais de Mouromski, en livrée. Son fils arriva à cheval, peu de temps après lui, et les deux hommes entrèrent dans la salle à manger, où la table était déjà servie.

Mouromski les reçut on ne peut plus aimablement, leur offrit, avant le dîner, de visiter le parc et la ménagerie, les promena le long d'allées de sable, soigneusement entretenues.

En son for intérieur, le vieux Berestov déplorait le temps et le travail gaspillés en aussi vaines fantaisies, mais il se taisait par politesse. Son fils ne partageait ni la réprobation du propriétaire économe, ni l'enthousiasme infatué[1] de l'anglomane. Il attendait avec impatience qu'apparût mademoiselle Mouromski, dont il avait entendu dire bien des choses et, quoique son cœur fût déjà pris, comme nous le savons, une belle avait toujours droit à son imagination.

De retour au salon, les trois hommes prirent des sièges. Les deux vieux évoquèrent des souvenirs de jeunesse et des histoires de service[2]; Alexis se demandait quel rôle il allait jouer en présence de Lise. En fin de compte, il décida qu'une froide distraction serait on ne pouvait plus de mise et se prépara à prendre cette attitude.

La porte s'ouvrit. Alexis tourna la tête avec un tel détachement et tant de fière nonchalance que le cœur de la coquette la plus endurcie en aurait dû frémir. Hélas, ce n'était point Lise, mais la vieille miss Jackson, fardée et corsetée, les yeux baissés. Elle esquissa une sorte de révérence, et la belle manœuvre d'Alexis s'avéra inutile.

À peine avait-il eu le temps de se remettre, que la porte s'ouvrit de nouveau. Cette fois-ci, c'était Lise. Tous se levèrent. Grigori Ivanovitch se mit en devoir de faire les présentations, mais s'arrêta pile et se mordit les lèvres... Sa Lise, sa belle et brune Lise, était méconnaissable : le visage était enduit de blanc jusqu'aux oreilles et les yeux fardés pis que ceux de miss Jackson;

1. *Infatué :* satisfait.
2. *Histoires de service :* de service militaire, d'armée.

elle s'était affublée d'une perruque aux boucles blondes et crêpelées à la Louis XIV, beaucoup plus claire que ses propres cheveux; d'un corsage aux manches *à l'imbécile*, raides comme les paniers de Mme de Pompadour; sa taille était serrée comme un X; tous les bijoux de feue[1] sa mère, non encore engagés au mont-de-piété, scintillaient sur ses doigts, son cou et ses oreilles. Alexis ne pouvait pas reconnaître son Akoulina dans cette brillante comique jeune fille.

Berestov père baisa la main de la demoiselle; son fils l'imita avec dépit. Lorsqu'il frôla du bout des lèvres les doigts blancs et menus, il crut s'apercevoir qu'ils tremblaient légèrement. En outre, il sut remarquer un petit pied coquettement chaussé et que l'on avançait à dessein. Cela le réconcilia tant soit peu avec le reste de la parure. Quant au blanc et aux fards, il n'y fit d'abord pas attention, dans sa candeur[2] d'âme, et, plus tard, ne soupçonna même pas la supercherie.

Fidèle à sa promesse, Grigori Ivanovitch s'efforçait de dissimuler sa surprise, mais l'incartade de sa fille l'amusait tellement qu'il avait peine à se retenir. Tout autre était la réaction de la fière Anglaise : celle-ci se doutait bien que le blanc et les fards avaient été dérobés dans sa commode; la rougeur de son violent dépit perçait à travers la fausse pâleur de son teint. Miss

1. *Feue :* morte.
2. *Candeur :* naïveté, simplicité.

Jackson lançait des regards fulgurants à la coquine qui feignait de ne pas s'en apercevoir, préférant différer l'explication.

On se mit à table. Alexis continuait de jouer l'indifférence et la distraction rêveuse. Lise faisait des manières, minaudait, parlait à travers les dents, d'une voix chantante et seulement en français. Son père la dévisageait à tout moment, ne comprenant pas où elle voulait en venir, mais franchement amusé. L'Anglaise enrageait et se taisait. Seul Ivan Pétrovitch se sentait comme chez lui, mangeant comme quatre, buvant à sa mesure, s'esclaffant de ses propres saillies, de plus en plus joyeux et cordial.

Enfin, on se leva de table. Les invités s'en retournèrent chez eux, et Grigori Ivanovitch put donner libre cours à son rire et à ses questions.

— Quelle idée t'a donc prise de les tourner en bourrique ? A propos, sais-tu que le blanc te va bien ? Sans vouloir me mêler des détails de la toilette féminine, je me permets d'observer qu'à ta place je me serais fardée, pas trop, bien sûr, mais un peu !

Lise était ravie du succès de son invention. Elle embrassa son père, promit de réfléchir à son conseil et courut apaiser miss Jackson ; celle-ci, furieuse, ne consentit qu'à grand-peine à ouvrir sa porte et prêter l'oreille au plaidoyer[1] de la coupable. Lise avait eu honte de se montrer à des étrangers, noiraude comme elle l'était, et

1. *Plaidoyer :* justification.

n'avait pas osé demander à miss Jackson de lui prêter ses fards... elle était convaincue que la bonne, la chère miss Jackson lui pardonnerait, etc., etc.

Persuadée finalement que Lise n'avait pas songé à se moquer d'elle, miss Jackson s'apaisa, embrassa la jeune fille et, pour sceller l'entente, lui fit cadeau d'un petit pot de blanc, d'origine anglaise, que Lise accepta avec les marques de la plus sincère reconnaissance.

Le lecteur se doute bien que, le lendemain matin, Lise ne manqua pas d'être fidèle au rendez-vous.

— Tu es allé voir nos maîtres hier? dit-elle à son ami. Comment as-tu trouvé la demoiselle?

Alexis répondit qu'il ne l'avait pas remarquée.

— C'est dommage, répliqua Lise.

— Pourquoi donc?

— Parce que je voulais te demander si les gens disent vrai...

— Et que disent-ils?

— Que je ressemble à notre demoiselle.

— Quelle sottise!... A côté de toi, c'est la plus laide des laides!

— Voyons, voyons, c'est honteux de dire ça! Notre maîtresse est si blanche, si élégante!... Pourrais-je me comparer à elle...?

Alexis lui jura qu'elle était infiniment plus belle que n'importe quelle « blanche demoiselle », et, pour la consoler, décrivit la jeune fille en traits si comiques que Lise rit de bon cœur.

— Pourtant, soupira-t-elle, même si notre

demoiselle est comique, je ne suis à côté d'elle qu'une sotte, une illettrée...

— Oh! la! la! fit Alexis, il y a vraiment de quoi se désoler!... Du reste, si tu le veux, je t'apprendrai à lire et à écrire.

— De vrai, répondit Lise, si l'on essayait?

— Tout de suite, si tu veux.

Ils s'assirent. Alexis tira de sa poche son calepin et un crayon, et Akoulina apprit l'alphabet avec une rapidité inouïe. Alexis était coi d'admiration. Le lendemain matin, elle voulut essayer d'écrire. Pour commencer, le crayon refusa de lui obéir, mais au bout de très peu de temps, elle forma des lettres assez correctes.

— C'est prodigieux! observa Alexis. Nous progressons encore plus rapidement que par la méthode Lancastre[1]!

En effet, dès la troisième leçon, Akoulina épelait *Nathalie, fille de boyard*[2], en s'interrompant pour faire des remarques qui ahurissaient Alexis. De plus, elle couvrit une feuille de papier d'aphorismes[3], tirés de ce roman.

Au bout d'une semaine, les deux jeunes gens purent correspondre. La boîte aux lettres fut installée dans le creux d'un vieux chêne. Nastia s'acquittait secrètement des fonctions de fac-

1. *Méthode Lancastre :* système d'éducation où les meilleurs aident les moins doués; manifestation d'anglomanie en France puis en Russie.

2. *Nathalie, fille de boyard* : nouvelle sentimentale de Karamzine (1792).

3. *Aphorismes :* maximes, sentences prétentieuses.

teur... Alexis déposait dans le creux ses lettres, écrites en gros caractères, et y trouvait les gribouillis de sa bien-aimée, tracés sur du gros papier bleu. Akoulina châtiait[1] visiblement son discours ; son esprit ne cessait d'évoluer et de se former rapidement.

Cependant, les nouvelles relations entre Ivan Pétrovitch Berestov et Grigori Ivanovitch Mouromski devenaient de plus en plus cordiales et se muèrent finalement en une véritable amitié, voici en quelles circonstances.

Mouromski se redisait souvent qu'à la mort d'Ivan Pétrovitch tous ses biens passeraient à son fils, qu'à ce moment-là Alexis deviendrait un des plus riches propriétaires du pays et qu'à tout prendre rien ne s'opposait à ce qu'il épousât Lise. Le vieux Berestov, de son côté, tout en critiquant le caractère extravagant de son voisin (ce qu'il appelait « ses lubies anglaises ») lui reconnaissait de nombreuses et remarquables qualités, à commencer par son doigté en affaires. Grigori Ivanovitch était un proche parent du comte Pronski, un « gros bonnet », qui pouvait être très utile à Alexis, et Mouromski (c'était du moins ce que se disait Ivan Pétrovitch) serait enchanté de caser avantageusement sa fille.

A force d'y penser chacun de son côté, les deux vieux s'expliquèrent, s'étreignirent[2], se promirent mutuellement d'œuvrer pour la cause

1. *Châtiait :* améliorait.
2. *S'étreignirent :* s'embrassèrent.

commune et passèrent de la théorie à la pratique, chacun de son côté. Dès l'abord, Mouromski se heurtait à une grave difficulté : il s'agissait, pour lui, de convaincre sa Betsy de faire plus ample connaissance avec le jeune Alexis, qu'elle n'avait pas revu depuis le mémorable dîner. Les deux jeunes gens ne semblaient pas beaucoup se plaire : Alexis n'était plus revenu à Priloutchino, et Lise s'enfermait dans sa chambre toutes les fois qu'Ivan Pétrovitch honorait son voisin d'une visite.

« Mais, se disait Grigori Ivanovitch, mais si Alexis vient ici chaque jour, il faudra bien que Betsy finisse par tomber amoureuse de lui. Cela n'est-il pas dans l'ordre des choses ?... Le temps arrange tout... »

Ivan Pétrovitch était moins inquiet quant au succès de sa mission. Le soir même de l'explication, il convoqua Alexis dans son cabinet, ferma la porte, alluma sa pipe, observa un silence et dit enfin :

— Eh bien, Aliocha, tu ne me parles plus d'entrer dans l'armée... Je vois que l'uniforme de hussard[1] ne te séduit plus autant, hein ?

— Si fait, mon père, répondit respectueusement le jeune homme, mais je vois qu'il ne vous plaît pas que j'entre dans l'armée, et mon devoir est de vous obéir.

— Parfait, parfait, répliqua Ivan Pétrovitch. Je vois que tu es un bon fils, et cela me console...

1. *Hussard :* soldat de la cavalerie légère.

Cependant, je ne voudrais pas te forcer... Vois, je ne t'oblige pas à prendre du service immédiatement... dans l'administration... C'est qu'en attendant, j'ai idée de te marier.

— A qui donc, mon père? demanda le jeune homme, stupéfait.

— A Lisaveta Grigorievna Mouromski... Une fiancée ou je ne m'y connais pas, hein?

— Père, je ne songe pas encore au mariage!

— C'est justement pourquoi j'y ai songé à ta place. Et j'ai trouvé.

— Libre à vous... Seulement, Lise Mouromski ne me plaît pas du tout.

— Elle te plaira. L'habitude amène l'amour.

— Mais je ne me sens pas capable de faire son bonheur!

— Ce n'est pas toi que ça regarde!... Hein, quoi?... C'est ainsi que tu obéis à ton père?... Bon, bon!

— C'est comme il vous plaira de le prendre. Mais moi, je ne veux pas me marier et ne me marierai point!

— Tu te marieras, ou je te maudirai!... Quant au domaine, Dieu m'est témoin que je le vendrai, que je mangerai tout et que tu n'auras pas un kopeck! Je te donne trois jours pour réfléchir. D'ici là, ne t'avise pas de te montrer à moi!

Alexis le savait d'expérience : lorsque son père s'était mis martel en tête[1], rien ne pouvait l'en déloger, « pas même un coin de fer », selon la

1. *Mis martel en tête :* était buté sur une idée.

pittoresque expression de Tarass Skotinine; mais le jeune homme tenait de son père, et il n'était guère plus facile de le faire changer d'avis.

Il se retira dans sa chambre pour se livrer à des réflexions sur les limites permises à l'autorité paternelle; puis il pensa à Lisaveta Grigorievna, au serment fait par son père de le réduire à la pauvreté, enfin à sa chère Akoulina. Pour la première fois, il dut convenir qu'il était passionnément épris. La romanesque idée d'épouser une paysanne et de vivre du fruit de son propre labeur lui traversa l'esprit; et, plus il méditait cette démarche décisive, plus elle lui semblait raisonnable.

Depuis quelques jours, les rendez-vous au bois n'avaient plus lieu, en raison du mauvais temps. De sa plus lisible écriture et dans le style le plus farouche, Alexis rédigea une lettre pour Akoulina, afin de la mettre au courant du péril qui les menaçait et de lui offrir sa main. Il courut porter la lettre dans le creux de l'arbre et se coucha, parfaitement satisfait de lui-même.

Le jour suivant, fermement résolu à n'en point démordre, Alexis s'en vint trouver Mouromski, de bon matin, afin d'avoir une franche explication. Il escomptait pouvoir tabler sur la magnanimité[1] du hobereau et le faire pencher en sa faveur.

— Grigori Ivanovitch est-il chez lui?

1. *Magnanimité :* générosité.

demanda-t-il en arrêtant son cheval devant le perron du manoir de Priloutchino.

— Non, Monsieur, répondit le domestique. Grigori Ivanovitch est sorti le matin de bonne heure.

« Quel dommage ! » pensa Alexis.

— Lisaveta Grigorievna, du moins, est-elle à la maison ?

— Oui, Monsieur.

Alexis mit pied à terre, lança la bride aux mains du laquais et entra sans se faire annoncer.

« Tout sera décidé ! se disait-il en s'approchant du salon... Je vais m'expliquer avec elle-même... »

Il entra... et s'arrêta comme pétrifié !... Lise... mais non, Akoulina, sa chère, sa brune Akoulina, non plus en sarafane, mais en peignoir blanc, lisait sa lettre, assise à la croisée. Elle était tellement absorbée qu'elle ne l'entendit pas venir.

Alexis ne put retenir une exclamation joyeuse. Lise tressaillit, leva la tête, poussa un cri et voulut s'enfuir. Il s'élança pour l'arrêter :

— Akoulina !... Akoulina !...

Lise essaya de se dégager :

— *Mais laissez-moi donc, Monsieur : mais êtes-vous fou** *?*

— Akoulina, mon Akoulina ! répétait-il en lui baisant les mains...

Miss Jackson, témoin de la scène, ne savait que penser. En ce moment, la porte s'ouvrit, laissant entrer Grigori Ivanovitch.

— Ah ! ah ! fit-il, m'est avis l'affaire est dans le sac !...

Le lecteur me fera grâce de lui décrire le dénouement.

20 septembre. Boldino. 9 heures du soir.

LA DAME DE PIQUE

La dame de pique signifie une secrète malveillance

Nouveau traité de divination.

CHAPITRE PREMIER

Quand le temps était gris,
Ils se réunissaient
Souvent.
N'en déplaise au bon Dieu,
Ils misaient de cinquante
A cent.
Ils gagnaient et
Ils marquaient
A la craie.
Quand le temps était gris
D'affaires ils
S'occupaient.

On jouait chez Naroumov, officier aux gardes à cheval.

Une longue nuit d'hiver avait fui, sans qu'on s'en aperçût. Il était quatre heures passées quand on s'avisa de souper. Les gagnants mettaient les bouchées doubles ; les autres contemplaient distraitement leurs assiettes vides. Puis, le champagne aidant, la conversation s'anima et, petit à petit, devint générale.

— Eh bien ! qu'as-tu fait, Sourine ? demanda le maître de maison, en s'adressant à l'un des joueurs.

— J'ai perdu selon mon habitude. Que veux-tu, je n'ai pas de chance. Je joue la mirandole[1], je garde mon sang-froid, je ne me laisse émouvoir par rien, pourtant je perds toujours !

— Comment, tu n'as pas une seule fois joué le routé[2] ?... Tu ne t'es pas laissé induire en tentation ?... En vérité, ta constance me dépasse !

— Et Hermann, qu'est-ce que vous en dites ? observa un convive, en désignant un jeune officier du génie. De sa vie, il n'a touché une carte, ni fait un paroli[3], et pourtant, il nous regarde jouer jusqu'à cinq heures du matin.

1. *Jouer la mirandole :* jouer prudemment, en misant précautionneusement.

2. *Jouer le routé :* miser toujours sur la même carte.

3. *Paroli :* au pharaon (nom du roi de cœur dans certains jeux), au baccara, à la roulette, chaque joueur joue contre le banquier (celui qui tient l'argent) ; on mise une somme sur une carte, cela s'appelle « ponter ». Pouchkine évoque ici différentes manières de jouer : ainsi faire un « paroli » c'est faire le double de la mise antérieure. On a gardé l'expression populaire : « un gros ponte », qui veut dire un homme important, qui a de l'influence. A Ver-

— Le jeu m'intéresse énormément, répondit Hermann. Mais je n'ai pas la possibilité de risquer le nécessaire pour gagner le superflu.

— Hermann est allemand. Il est économe. Et voilà tout ! répliqua Tomsky. Mais s'il est quelqu'un que je ne comprends pas, c'est bien ma grand-mère, la comtesse Anna Fédotovna.

— Comment cela ?... Pourquoi ?... s'exclama-t-on de tous les côtés.

— Je n'arrive pas à comprendre pourquoi elle ne ponte jamais.

— Pour une femme de 80 ans, la chose n'a rien d'extraordinaire ! fit Naroumov.

— Mais alors, vous n'avez jamais rien entendu raconter sur elle ?

— Non. Absolument rien !

— Oh ! alors écoutez ! Sachez d'abord qu'il y a de cela quelque soixante ans, ma grand-mère avait coutume de se rendre régulièrement à Paris. Elle était très à la mode. Les gens couraient derrière elle pour voir la *Vénus moscovite**. Richelieu lui faisait la cour, et elle prétend qu'il a failli se tuer à cause de sa cruauté. Dans ce temps-là, les dames jouaient au pharaon. Un soir, elle perdit à la Cour, sur parole, une très forte somme au duc d'Orléans. Rentrée chez elle, grand-mère, tout en ôtant ses mouches[1] et

sailles, chez la Reine, on jouait, c'était le cousin du Roi, le duc d'Orléans, homme fort riche qui tenait la banque.

1. *Mouche :* petit bout de tissu noir que les dames se

défaisant ses paniers[1], conta son malheur à mon grand-père et lui ordonna de payer. Feu[2] mon aïeul, pour autant qu'il m'en souvienne, était une sorte de maître d'hôtel au service de son épouse. Il la craignait comme le feu. Mais, pour une fois, l'énoncé du chiffre de la perte le fit sortir hors de ses gonds. Il s'emporta, démontra à ma grand-mère, avec comptes à l'appui, qu'ils avaient dépensé un demi-million de roubles en six mois, qu'ils ne possédaient point, à Paris, leurs terres du gouvernement de Moscou ou de Saratov — bref, il refusa de payer tout net. Grand-mère lui donna une gifle et fit lit à part, cette nuit-là, en témoignage de son courroux. Le jour suivant, elle le fit appeler, ne doutant pas de l'efficacité de ce conjugal châtiment. Il fut intraitable. Pour la première fois de sa vie, grand-mère daigna condescendre à des raisonnements et des explications, croyant prouver à son mari, non sans quelque morgue, qu'il y a dette et dette et qu'un prince du sang n'est pas un carrossier. Allons donc ! Grand-père se cabrait. Non, non et non ! Grand-mère était aux abois. Elle connaissait un homme tout à fait remarquable. Vous avez probablement entendu parler du comte de Saint-Germain[3], dont on dit tant de

mettaient sur le visage pour faire valoir la blancheur de leur peau ; à la mode au XVIIIe siècle.

1. *Paniers :* jupons rigides destinés à donner de l'ampleur aux robes ; à la mode au XVIIIe siècle.

2. *Feu :* décédé, qui est mort (se place devant le mot qu'il qualifie).

3. *Comte de Saint-Germain :* aventurier qui, entre 1750

merveilles. Vous savez qu'il prétendait être le Juif errant, avoir inventé l'élixir de longue vie et la pierre philosophale, etc. On se moquait de lui comme d'un charlatan, et Casanova[1], dans ses *Mémoires*, le présente comme un espion. Au demeurant, en dépit de son air de mystère, le comte de Saint-Germain avait une mine tout à fait respectable et était un homme fort aimable en société. Grand-mère en est encore folle et se fâche si on le traite cavalièrement[2]... Sachant donc que Saint-Germain pouvait disposer de sommes considérables, elle résolut d'avoir recours à lui et lui écrivit un billet pour lui demander de passer la voir, de toute urgence. Le vieil excentrique accourut à l'appel et trouva ma grand-mère en proie à la plus noire désolation. Elle lui dépeignit sous les couleurs les plus sombres la conduite barbare de son mari et conclut en disant qu'elle n'avait plus d'espoir que dans son amitié et son obligeance. Saint-Germain réfléchit quelque temps avant de répondre : « Je peux vous avancer cette somme, fit-il, mais je sais que vous n'auriez de repos qu'après me l'avoir remboursée et ne veux point

et 1760, étonna la Cour de France par ses pratiques de spiritisme et sa mémoire. Il prétendait vivre depuis le temps de Jésus-Christ, comme le Juif errant, et connaître de nombreux secrets.

1. *Casanova :* aventurier et écrivain italien (1725-1798) ; ses mémoires écrits en français eurent un grand succès.

2. *Cavalièrement :* insolemment, irrespectueusement.

être cause, pour vous, de nouveaux soucis. Il est un autre moyen de vous acquitter : il faut regagner cet argent. — Oui, mais mon cher comte, il ne me reste plus un sou ! — Point n'est besoin de cela... Daignez me prêter l'oreille... » Et, là-dessus, il l'initia à un secret que chacun de nous, je gage, paierait fort cher...

Les jeunes gens redoublèrent d'attention. Tomsky alluma sa pipe, tira une bouffée et reprit :

— Le soir même, grand-mère se rendit à Versailles, *au jeu de la Reine**. Le duc d'Orléans tenait la banque. Grand-mère s'excusa négligemment de n'avoir pas apporté sa dette, débita une petite histoire pour se justifier, et se mit à ponter contre lui. Elle choisit trois cartes, et les joua l'une après l'autre quitte ou double [1]. Les trois cartes gagnèrent. Grand-mère s'était complètement acquittée.

— Pur hasard ! s'écria un joueur.

— Un conte de fées ! protesta Hermann.

— Des cartes truquées, peut-être ? fit un troisième.

— Je ne le crois pas, répondit gravement Tomsky.

— Eh quoi ! intervint Naroumov, tu as une grand-mère qui devine trois cartes gagnantes de

1. *Quitte ou double :* on joue une dernière fois quand on a déjà une dette de jeu ; si l'on gagne on ne doit plus rien ; si l'on perd on doit le double ; en langage familier l'expression signifie : risquer le tout pour le tout.

suite, et tu n'as pas encore su te faire initier[1] à ce secret cabalistique ?

— Ah oui, c'est bien le diable ! Elle avait quatre fils, dont mon père. Tous des joueurs enragés. Et pourtant, pas un n'a réussi à lui soutirer son secret, qui leur aurait fait le plus grand bien — et à moi aussi, d'ailleurs !

» Mais voici ce que m'a raconté mon oncle, le comte Ivan Illitch. Et il l'a juré sur son honneur. Feu Tchaplitzky, celui-là même qui mourut dans la misère après avoir fait valser des millions, feu Tchaplitzky, dis-je, avait perdu, dans sa jeunesse, près de trois cent mille roubles, à Zoritch, si je ne me trompe. Il était au désespoir. Ma grand-mère, toujours sévère pour les frasques[2] de jeunesse, prit pitié de lui, lui indiqua trois cartes, afin qu'il les jouât coup sur coup, et lui demanda sa parole de ne plus jamais approcher du tapis vert. Tchaplitzky s'en vint trouver son vainqueur. Ils jouèrent. Tchaplitzky misa cinquante mille roubles sur la première carte et gagna ; fit paroli, sur paroli[3], s'acquitta et se trouva encore en gain...

Mais voilà déjà six heures moins le quart. Il faut aller dormir.

En effet, le jour se levait. Les jeunes gens vidèrent leurs verres et l'on se sépara.

1. *Te faire initier :* apprendre, découvrir.
2. *Frasques :* écarts de conduite, folies, sottises.
3. *Paroli, sur paroli :* ici le joueur double sa mise et gagne miraculeusement à chaque fois.

CHAPITRE II

> — *Il paraît que monsieur est décidément pour les suivantes.*
>
> — *Que voulez-vous, madame, elles sont plus fraîches**.
>
> (Conversation mondaine.)

La vieille comtesse X... était dans son cabinet de toilette, assise devant une glace. Trois suivantes l'entouraient. L'une lui présentait un pot de rouge, l'autre une boîte d'épingles à cheveux, la troisième un haut bonnet avec des rubans couleur de feu. La vieille comtesse n'avait plus la moindre prétention à la beauté, la sienne étant flétrie depuis longtemps, mais conservait toutes les habitudes de sa jeunesse, suivait rigoureusement la mode de 1770, s'habillait aussi longuement et avec autant de soins que soixante ans auparavant.

Une jeune fille, sa pupille, travaillait à un métier, dans l'embrasure de la fenêtre.

— Bonjour, *grand-maman**, fit, en entrant, un jeune officier. *Bonjour, mademoiselle Lise.*

*Grand-maman**, je viens vous adresser une demande.

— Qu'est-ce que c'est, *Paul** ?

— Permettez-moi de vous présenter un ami à moi et de l'amener vendredi à votre bal.

— Amène-le à mon bal, et tu me le présenteras là. As-tu été hier chez X... ?

— Bien entendu ! C'était très gai. On a dansé jusqu'à cinq heures. Eletzkaïa était ravissante !

— Fi donc, mon cher ! Que lui trouvez-vous de beau ? Peut-on la comparer à sa grand-mère, la princesse Daria Pétrovna ?... À propos, je suppose qu'elle a dû bien vieillir, la princesse ?

— Vieillir ? répliqua étourdiment Tomsky. Voilà sept ans qu'elle est morte !

La jeune fille leva la tête et fit un signe au visiteur. Il se souvint que l'on cachait à la vieille comtesse le décès de ses contemporaines et se mordit la lèvre. Mais la comtesse accueillit la nouvelle avec un parfait détachement.

— Ah ! oui, elle est morte. Je l'ignorais. Nous avons été nommées ensemble demoiselles d'honneur, et quand nous fûmes présentées à l'Impératrice, celle-ci...

Et la comtesse, pour la centième fois, raconta à son petit-fils son anecdote.

— À présent, *Paul**, aide-moi à me lever... Lisanka, où est ma tabatière ?

Et, accompagnée de ses trois suivantes, elle se retira derrière un paravent pour mettre la dernière main à sa toilette. Tomsky resta en tête à tête avec la jeune fille.

— Qui est cet ami que vous voulez présenter à la comtesse ? s'enquit-elle à voix basse.

— Naroumov. Vous le connaissez ?

— Non. Est-ce un militaire ?

— Oui.

— Dans le génie[1] ?

— Non, dans la cavalerie... Et pourquoi pensiez-vous donc qu'il était dans le génie ?

La jeune fille éclata de rire et ne répondit mot.

— *Paul** ! cria la comtesse de derrière le paravent, envoie-moi donc, je te prie, quelque nouveau roman, mais pas de ceux qu'on écrit à l'heure actuelle.

— Comment cela, *grand-maman** ?

— Je veux dire un roman, où le héros n'étrangle ni père, ni mère et où il n'y ait pas de noyés. J'ai affreusement peur des noyés.

— C'est une littérature qui ne se trouve plus, de nos jours. Ne voudriez-vous pas plutôt un roman russe ?

— Tiens, il y en a donc ?... Fort bien, mon ami, envoie-m'en un !

— Adieu, *grand-maman**, je suis très pressé... Au revoir, Lisavéta Ivanovna... Dites-moi, pourquoi diable avez-vous cru que Naroumov était dans le génie ?

Et Tomsky sortit du cabinet de toilette.

Restée seule, Lisavéta Ivanovna quitta son ouvrage et se mit à regarder par la fenêtre. Bientôt, de l'autre côté de la rue, à l'angle de la mai-

1. *Génie :* corps d'armée.

son du coin, apparut un jeune officier. La jeune fille rougit, reprit son tambour et baissa la tête sur son canevas. La comtesse, habillée de pied en cap, rentra sur ces entrefaites.

— Lisanka, fais atteler le carrosse. Nous allons partir en promenade.

La jeune fille se leva et se mit en devoir de ranger son ouvrage.

— Eh bien! mon petit, eh bien! tu es sourde? cria la comtesse. Allons, fais vite atteler le carrosse!

— Tout de suite, madame, répondit Lisavéta Ivanovna à voix basse, en courant vers l'antichambre.

Un domestique entra et remit à la comtesse quelques livres de la part du prince Paul Alexandrovitch.

— C'est bien, mon ami, c'est bien. Remerciez-le... Lisanka, où cours-tu donc?

— M'habiller.

— Tu as bien le temps, mon petit, tu as le temps. Assieds-toi là. Tiens, ouvre le premier volume et lis tout haut.

La jeune fille prit un livre et lut quelques lignes.

— Plus haut! Plus haut! fit la comtesse. Qu'est-ce qui te prend, mon petit, aurais-tu perdu la voix, hein?... Allons, approche-moi ce tabouret... là!

Lisavéta Ivanovna lut encore deux pages. La comtesse bâilla.

— Laisse cela! dit-elle. Quelles sottises!...

Renvoie ce livre au prince Paul, avec mes remerciements... Eh bien! et ce carrosse?...

— Il est attelé, répondit Lisavéta Ivanovna en lançant un coup d'œil par la fenêtre.

— Mais alors, qu'attends-tu pour t'habiller?... Il faut toujours que tu te fasses attendre!... Cela devient insupportable, mon petit!

Lisa courut à sa chambre. Elle n'y était pas depuis deux minutes que déjà la comtesse agitait la sonnette de toutes ses forces. Les trois suivantes se précipitèrent par une porte, le laquais par une autre.

— Eh bien! on ne m'entend donc plus à ce qu'il paraît? protesta la comtesse. Allez dire à Lisavéta Ivanovna que je l'attends.

Lisavéta Ivanovna entra en manteau et en chapeau.

— Enfin! dit la comtesse. Hé! mais qu'est-ce que cette tenue?... Hein?... A qui en veux-tu?... Quel temps fait-il?... Il vente, ce me semble...

— Nullement, Excellence, dit le laquais, il fait très doux.

— Vous ne savez jamais ce que vous dites! Ouvrez-moi le vasistas[1]... C'est bien ce que je pensais! Il vente! Et une bise glaciale, avec cela! Faites dételer le carrosse!... Lisanka, nous ne sortons pas. Ce n'était pas la peine de t'attifer[2]!

1. *Vasistas :* petite fenêtre.

2. *Attifer :* s'habiller sans élégance, de manière curieuse (terme méprisant).

« Et voilà mon existence ! » songea Lisavéta Ivanovna.

En effet, Lisavéta Ivanovna était une bien malheureuse créature. « Il est amer le pain de l'étranger, a dit Dante, et la pierre de son seuil est pénible à franchir... » Il faut avoir été demoiselle de compagnie au service d'une vieille femme riche et de qualité pour goûter toute l'amertume de la sujétion[1].

La comtesse X... n'était pas une méchante femme, mais elle avait ses lubies, comme toute personne gâtée par le monde. Elle était avare et plongée dans un froid égoïsme comme toutes les vieilles gens qui ont cessé d'aimer et ne comprennent plus le présent.

Elle se mêlait à toutes les vaines distractions de la haute société ; elle se traînait à tous les bals, fardée, vêtue à l'ancienne mode, assise dans son coin, ornement hideux et inévitable de la salle de danse. Chacun, en entrant, se faisait un devoir d'aller lui présenter ses respects, en vertu d'un rite immuable ; ensuite, plus personne ne s'occupait d'elle.

La comtesse recevait toute la ville, se conformait à une rigoureuse étiquette[2] et ne reconnaissait jamais aucun de ses invités. Sa nombreuse valetaille, engraissée et blanchie sous le harnais, dans son antichambre et à l'office, faisait ce

1. *Sujétion :* situation d'une personne soumise à une autorité supérieure contraignante.

2. *Étiquette :* cérémonial, façon de se tenir à la Cour, dans une société.

qu'elle voulait et volait à qui mieux mieux la vieille moribonde[1].

Lisavéta Ivanovna était son souffre-douleur domestique. Quand elle servait le thé, on lui reprochait le sucre gaspillé; lorsqu'elle lisait un roman à la comtesse, on la rendait responsable des moindres fautes de l'auteur; à la promenade, elle était coupable du mauvais temps et de l'état des pavés. Ses appointements n'étaient jamais payés régulièrement; et, cependant, on exigeait qu'elle fût habillée comme tout le monde — c'est-à-dire comme fort peu de gens. Son rôle, en société, était des plus pitoyables. Tous la connaissaient, et personne ne la remarquait. Au bal, elle dansait seulement lorsqu'on avait besoin d'un *vis-à-vis**; les dames la prenaient par le bras et l'emmenaient hors du salon toutes les fois qu'il leur fallait réparer quelque désordre à leur toilette. Elle avait de l'amour-propre, sentait vivement la fausseté de sa position et cherchait avidement autour d'elle quelqu'un qui la sauvât. Las, les jeunes gens, prudents et calculateurs en dépit de leur étourderie vaniteuse, ne daignaient pas l'honorer de leurs attentions, bien qu'elle fût cent fois plus charmante que les fiancées froides et gourmées[2], auprès desquelles ils s'attroupaient.

Que de fois, quittant le salon, où régnaient l'opulence[3] et l'ennui, elle s'était retirée furtive-

1. *Moribonde :* qui est près de mourir; ici : très âgée.
2. *Gourmées :* guindées, snobs.
3. *Opulence :* richesse.

ment pour pleurer dans son humble chambrette, meublée d'un paravent de papier peint, d'une commode, d'une pauvre glace et d'un lit en bois peint — tout cela à la lueur pâle d'une chandelle de suif dans un chandelier de laiton.

Une fois — cela s'était produit deux jours après la soirée décrite au début de notre récit et une semaine avant la scène que nous observons — une fois, dis-je, comme elle était assise à son métier devant la fenêtre, Lisavéta Ivanovna avait regardé dans la rue, par mégarde, et avait aperçu un jeune officier, immobile, les yeux rivés sur sa fenêtre. Baissant la tête, elle reprit sa besogne. Au bout de cinq minutes, elle jeta un coup d'œil de nouveau : le jeune officier était immobile, à la même place. N'ayant pas l'habitude de faire la coquette avec les officiers qui passaient dans la rue, elle se remit à son travail et demeura près de deux heures sans plus lever les yeux. L'on servit à souper. Elle se leva, se mit en devoir de ranger son ouvrage, et, sans le vouloir, revit encore une fois l'officier. Cela lui sembla assez étrange. Après le repas, elle s'approcha de la fenêtre, non sans quelque inquiétude, mais l'officier n'était plus là. Elle l'oublia...

Deux jours après, comme elle était sur le point de monter dans le carrosse, avec la comtesse, elle l'aperçut de nouveau. Il était planté tout contre le perron, le visage caché dans un col de castor; ses yeux noirs étincelaient sous son bicorne. Lisavéta Ivanovna eut peur, sans trop savoir pourquoi, et s'installa dans la voiture avec un trouble inexprimable.

De retour à la maison, elle courut à la fenêtre. L'officier était là, planté à la même place, et ses yeux noirs étaient fixés sur elle. La jeune fille se retira, brûlante de curiosité et torturée par un sentiment qu'elle éprouvait pour la première fois.

Depuis, il ne se passa plus de jour que le jeune homme ne vînt sous la fenêtre, toujours à la même heure. Des sortes de relations tacites s'établirent entre eux. Assise à sa place, toute à sa besogne, elle percevait néanmoins son approche, levait la tête et le dévisageait, de plus en plus longuement. L'officier semblait être plein de reconnaissance pour cette faveur. Le regard de Lisavéta Ivanovna, que sa jeunesse rendait perspicace, discernait la vive rougeur qui envahissait les joues de l'inconnu, toutes les fois que leurs yeux se croisaient. Au bout de huit jours, elle lui sourit...

Lorsque Tomsky avait sollicité l'autorisation de présenter son ami à la vieille comtesse, le cœur de la demoiselle de compagnie avait battu plus violemment. Ayant appris que Naroumov n'était pas dans le génie, mais dans les gardes à cheval, elle se mordit la langue et regretta de s'être trahie en présence du jeune étourneau.

Hermann était fils d'un Allemand russifié[1], dont il avait hérité un petit pécule. Fermement

1. *Russifié :* établi depuis longtemps en Russie.

convaincu de la nécessité d'assurer son indépendance, le jeune homme ne touchait même pas à ses intérêts, vivait uniquement de sa solde et ne se passait pas la moindre fantaisie. Avec cela, il était dissimulé, orgueilleux, et ses camarades avaient rarement l'occasion de se moquer de sa trop stricte économie. Il avait des passions violentes et une imagination de feu, mais sa fermeté le préservait des errements propres à la jeunesse. Ainsi, bien qu'il fût un joueur dans l'âme, jamais il n'avait touché une carte, ayant calculé que son état de fortune ne lui permettait pas (comme il le disait) « de sacrifier le nécessaire à l'espoir de gagner le superflu ». Cependant, il passait des nuits entières devant le tapis vert et suivait avec une anxiété fébrile les alternatives du jeu.

L'histoire des trois cartes avait fortement frappé son imagination et, toute la nuit, il ne fit qu'y penser.

« Si pourtant, se disait-il, le lendemain au soir, en errant à travers les rues de Saint-Pétersbourg, si pourtant la vieille comtesse me livrait son secret? Ou me désignait les trois cartes sûres?... Pourquoi ne pas tenter ma chance?... Me présenter à elle, m'insinuer dans ses faveurs; que diable, devenir son amant, s'il le faut!... Mais tout cela demande du temps, et elle a quatre-vingt-sept ans... Elle peut mourir dans une semaine, dans deux jours!... Et puis, l'histoire des trois cartes elle-même?... Est-elle digne de foi?... Non, économie, tempérance[1], travail —

1. *Tempérance :* vie équilibrée.

voilà mes trois cartes sûres ! Voilà qui doit tripler et septupler mon capital, m'assurer repos et indépendance ! »

Tout en raisonnant de la sorte, il se retrouva dans une des principales rues de Saint-Pétersbourg, devant un immeuble d'architecture ancienne. La rue était encombrée de voitures ; les carrosses s'avançaient l'un à la suite de l'autre, faisaient halte devant une entrée splendidement illuminée. Leurs marchepieds supportaient, tour à tour, la jambe élégante d'une belle, une bruyante botte à l'écuyère, un bas rayé, un escarpin diplomatique. Pelisses et manteaux défilaient devant un suisse majestueux. Hermann s'arrêta.

— A qui appartient cette maison ? demanda-t-il à un veilleur de nuit, au tournant de la rue.

— A la comtesse ***, mon officier.

Hermann tressaillit. L'étrange anecdote se représenta à son imagination. Il se mit à tourner autour de la maison, en songeant à sa propriétaire et à son mystérieux pouvoir.

Il rentra tard, ce soir-là, dans son humble logis, et, longtemps, ne put s'endormir. Lorsque le sommeil s'empara de lui, il vit des cartes, une table verte, des liasses d'assignats[1] et des monceaux de ducats[2]. Il jouait carte sur carte, faisait paroli sur paroli, gagnait sans discontinuer, raclait des piles d'or et bourrait ses poches de billets.

1. *Assignats :* anciens billets de banque.
2. *Ducats :* anciennes pièces de monnaie.

Réveillé tard, il déplora la perte de son fantasmagorique trésor, s'en alla vagabonder à travers la ville et se retrouva, de nouveau, devant la maison de la comtesse. Une force inconnue semblait l'attirer irrésistiblement. Il s'arrêta et regarda les fenêtres. Dans l'embrasure de l'une, il aperçut une tête brune et menue, penchée sur un ouvrage ou une lecture. La tête se releva. Hermann entrevit un frais visage et des yeux noirs. Cet instant décida de son sort.

CHAPITRE III

Vous m'écrivez, mon ange, des lettres de quatre pages plus vite que je ne puis les lire.*

(Correspondance.)

A peine Lisavéta Ivanovna avait-elle fini de se débarrasser de son manteau et de son chapeau que la comtesse l'envoyait quérir de nouveau et ordonnait d'atteler le carrosse. Toutes deux s'apprêtaient à y prendre place. Au moment où les deux valets de pied soulevaient sa maîtresse et la hissaient à l'intérieur de la voiture, Lisavéta Ivanovna aperçut son jeune officier du génie, tout contre une roue du véhicule. Il lui saisit la main; l'effroi lui fit perdre la tête. Quand elle recouvra ses sens, le jeune homme avait disparu, et elle tenait un billet dans sa main. Elle le cacha dans son gant et, durant tout le trajet, sembla devenue sourde et aveugle. La comtesse avait coutume de poser des questions sans discontinuer :

— Qui avons-nous croisé?... Comment s'appelle ce pont?... Qu'est-ce qu'il y a écrit sur cette enseigne?

Lisavéta Ivanovna répondait à tort et à travers, ce qui mit en colère la comtesse.

— Eh bien! eh bien! qu'est-ce qui te prend, ma petite amie?... Aurais-tu perdu le sens?... Est-ce que tu ne m'entends pas ou ne me comprends plus?... Dieu merci, je ne grasseye[1] pas et ne suis pas retombée en enfance!

Lisavéta Ivanovna faisait la sourde oreille. De retour à la maison, elle courut à sa chambre et tira le message de son gant; il n'était pas cacheté. Elle le lut. C'était une déclaration, tendre, respectueuse et mot pour mot traduite d'un roman allemand[2]. Ne sachant pas cette langue, la jeune fille fut fort contente.

Néanmoins, le fait d'avoir accepté la lettre la troublait fortement. Pour la première fois, elle entrait en relations secrètes et étroites avec un jeune homme. Son audace l'effrayait. Elle s'accusait de conduite imprudente et ne savait quel parti prendre : cesser de travailler à la fenêtre et, à force de froideur, dégoûter le jeune officier de sa poursuite?... Lui renvoyer son mot?... Lui répondre avec froideur et fermeté? N'ayant point d'amie, ni de conseillère, elle résolut de répondre.

1. *Grasseye :* parle sans prononcer les r, de manière peu compréhensible.

2. *Traduite d'un roman allemand : Werther* de Goethe était alors très à la mode.

Elle s'installa à sa petite table, prit du papier, une plume — et resta songeuse. A plusieurs reprises, elle recommença sa lettre pour la déchirer aussitôt. Tantôt, le message semblait trop dur, tantôt il ne l'était pas assez. En fin de compte, elle réussit à tracer quelques lignes dont elle fut satisfaite :

« Je suis persuadée que vos intentions sont celles d'un honnête homme et que vous n'avez point voulu m'offenser par une conduite irréfléchie. Pourtant, il ne faut pas que notre connaissance commence de cette sorte. Je vous renvoie votre lettre et j'espère, dans l'avenir, ne pas avoir lieu de me plaindre d'un manque de considération immérité. »

Le jour suivant, aussitôt qu'elle aperçut Hermann, elle quitta son métier, passa au salon, ouvrit le vasistas et jeta sa lettre, se fiant à l'adresse du jeune officier. Hermann accourut, ramassa la lettre et entra chez un pâtissier. Ayant rompu le cachet, il trouva son propre billet et la réponse de Lisavéta Ivanovna. Elle était précisément telle qu'il l'attendait. L'officier rentra chez lui, tout occupé par son intrigue.

Trois jours après, une jeune et accorte personne, aux yeux fort éveillés, vint porter un billet à Lisavéta Ivanovna, de la part d'une marchande de modes. La jeune fille le décacheta avec appréhension, prévoyant quelque demande d'argent et reconnut l'écriture d'Hermann.

— Vous vous êtes trompée, ma petite, ce billet n'est pas pour moi.

— Mais si, mais si, il est bien pour vous, répliqua la coquine, sans dissimuler un sourire ironique. Prenez donc la peine de le lire.

Lisavéta Ivanovna parcourut le message. Hermann exigeait une entrevue.

— C'est impossible ! s'écria-t-elle, effrayée de la hardiesse de la demande et de la manière dont elle était transmise. Je vous assure que cette lettre ne m'est pas adressée !

Ce disant, elle la déchira en petits morceaux.

— Si la lettre n'est pas pour vous, pourquoi l'avez-vous déchirée ? fit la demoiselle. Je l'aurais restituée à son expéditeur !

Lisavéta Ivanovna rougit violemment de la remarque.

— Je vous prie, ma bonne, de ne plus me porter dorénavant des messages de cette sorte !... Et dites à celui qui vous a envoyée qu'il devrait avoir honte...

Hermann ne se calma pas. Tous les jours, Lisavéta Ivanovna recevait des lettres de lui, arrivant tantôt d'une manière, tantôt d'une autre. A présent, elles n'étaient plus traduites de l'allemand. Hermann les écrivait, inspiré par la passion, dans un langage qui était le sien : on y lisait l'obstination de ses désirs et tout le désordre d'une imagination déréglée. Lisavéta Ivanovna ne songeait plus à les lui renvoyer : elle s'en grisait, se prenait à lui répondre, et ses propres billets commençaient de devenir plus longs et plus tendres. En fin de compte, elle lui jeta par la fenêtre le message suivant :

« Aujourd'hui, il y a bal chez l'ambassadeur de X... La comtesse a l'intention de s'y rendre. Nous y resterons jusqu'à deux heures environ. Voici une occasion pour me voir en tête à tête. Dès le départ de la comtesse, ses gens ne manqueront pas de s'éloigner; il ne restera plus que le suisse, dans l'antichambre, mais habituellement, il se retire dans sa loge. Soyez là vers onze heures et demie. Montez directement l'escalier. Si jamais vous rencontrez quelqu'un dans l'antichambre, demandez-lui si la comtesse est chez elle. On vous répondra par la négative et force vous sera de partir. Mais vraisemblablement vous ne rencontrerez personne. Les suivantes se retirent toutes dans leur chambre commune. Après avoir traversé le vestibule, vous prendrez à gauche et marcherez droit jusqu'à la chambre à coucher de la comtesse. Parvenu là, vous trouverez, derrière le paravent, deux petites portes : celle de droite s'ouvre sur un cabinet, où la comtesse n'entre jamais; celle de gauche sur un couloir qui mène à un étroit escalier en colimaçon. Cet escalier conduit à ma chambre. »

Hermann frémissait comme un tigre, dans l'attente de l'heure fixée. A dix heures, il était devant la maison de la comtesse. Il faisait un temps affreux. Déjà le vent gémissait; une neige mouillée tombait à gros flocons; les réverbères ne jetaient qu'une lueur incertaine; les rues étaient désertes. Seul, un fiacre passait de temps en temps et le cocher fouettait sa rosse famélique[1], en quête d'un passant attardé. Couvert de sa seule tunique d'officier, Hermann ne sentait ni le vent, ni la neige.

Enfin, on avança le carrosse de la comtesse. Hermann vit deux laquais prendre par-dessous les bras la vieille, cassée en deux et couverte d'une pelisse[2] de zibeline. Aussitôt après, enveloppée d'un léger manteau, la tête couronnée de fleurs naturelles, sa pupille passa comme une brève apparition. La portière claqua en se refermant. Le carrosse roula péniblement sur la neige molle. Le suisse ferma la porte. Les fenêtres s'éteignirent. Hermann faisait les cent pas devant l'immeuble désert. Il s'approcha d'un réverbère et jeta un coup d'œil sur sa montre. Il était onze heures vingt. Posté sous la lanterne, les yeux rivés à l'aiguille de la montre, il compta les minutes.

A onze heures et demie précises, il escalada les marches du perron et pénétra dans le vestibule crûment éclairé. Le suisse ne s'y trouvait point. Hermann monta en courant l'escalier, ouvrit la porte de l'antichambre et aperçut un domestique, dormant sous une lampe, enfoncé dans une bergère vétuste et crasseuse. Il passa devant lui d'un pas léger et assuré. La grande salle et le salon étaient plongés dans le noir. Seule, la lampe de l'antichambre les éclairait faiblement. Hermann pénétra dans la chambre à

1. *Rosse famélique :* cheval très maigre.
2. *Pelisse :* manteau doublé de fourrure.

coucher. Une veilleuse en or brillait devant l'armoire sainte, remplie d'antiques icônes[1]. Des fauteuils aux couleurs passées, des divans dédorés et garnis de coussins montaient la garde, avec une triste symétrie, le long des murs, tendus de tapisseries chinoises. On remarquait deux portraits, peints à Paris par Mme Vigée-Lebrun[2]. Le premier représentait un homme d'une quarantaine d'années, replet[3] et haut en couleur, vêtu d'un uniforme vert clair, avec une étoile sur la poitrine; le second, une jeune beauté au nez aquilin, les tempes soigneusement peignées, une rose dans ses cheveux poudrés. Dans tous les coins, on voyait des bergers en porcelaine de Saxe, des pendules signées du grand maître Leroy, des écrins, des coffrets, des bonbonnières, des drageoirs, des baguiers, des roulettes, des éventails, toutes sortes de brimborions[4], inventions illustres de la fin du siècle passé, contemporaines des ballons de Montgolfier et du magnétisme de Mesmer[5].

Hermann passa derrière le paravent. Ce dernier abritait un petit lit de fer. A droite était la porte du cabinet; à gauche, celle du corridor.

1. *Icônes :* images religieuses.
2. *Vigée-Lebrun :* portraitiste française (1755-1842).
3. *Replet :* gras, dodu.
4. *Brimborions :* babioles, petits objets sans importance.
5. *Magnétisme de Mesmer :* médecin allemand (1734-1815) qui prétendait avoir découvert le « magnétisme animal », sorte de fluide qui guérissait toutes les maladies; très à la mode à Paris à la fin du XVIIIe siècle.

L'officier l'ouvrit et aperçut l'étroit escalier en colimaçon qui menait à la chambre de l'infortunée demoiselle de compagnie... Mais, revenant sur ses pas, il pénétra dans le cabinet sombre.

Le temps s'écoulait lentement. Tout était silence. La pendule du salon sonna minuit; toutes les autres pendules lui firent écho, et, de nouveau, ce fut le silence. Hermann se tenait immobile, adossé contre un poêle sans feu. Il était maître de lui-même. Son cœur battait régulièrement, comme celui d'un homme qui vient de prendre une décision hardie, mais nécessaire. Une heure sonna, puis deux heures, et il perçut le roulement lointain d'un carrosse. Un trouble involontaire s'empara de lui. Le carrosse s'arrêta. Hermann entendit le bruit du marchepied rabattu. Toute la maisonnée s'anima subitement. Des gens allaient et venaient, dans un bruit de voix; les lampes s'allumaient.

Trois vieilles suivantes firent irruption dans la chambre à coucher. La comtesse, plus morte que vive, se laissa choir dans un grand fauteuil à la Voltaire. Hermann observait la scène par une fente. Lisavéta Ivanovna passa devant lui. Il entendit son pas rapide le long de l'escalier. Quelque chose, qui ressemblait à un remords, le mordit au cœur et le relâcha. Il devint de pierre.

La comtesse commença à se déshabiller devant la glace. On détacha sa coiffure, ornée de roses; on ôta sa perruque poudrée de ses cheveux, qu'elle avait blancs et coupés ras. Les épingles pleuvaient dru autour d'elle. Sa robe jaune, lamée d'argent, tomba à ses pieds enflés. Hermann dut assister à tout le hideux mystère de sa toilette. Finalement, la comtesse demeura en peignoir et bonnet de nuit. Dans cet accoutrement, mieux approprié à son âge, elle semblait moins effroyable et repoussante.

Comme toutes les vieilles gens, la comtesse souffrait d'insomnies. Dévêtue, elle s'installa dans son grand fauteuil à la Voltaire, à la fenêtre, et renvoya ses suivantes. On emporta les bougies, et la chambre ne fut plus éclairée que par la veilleuse. La comtesse, toute jaune, remuait ses lèvres pendantes et se balançait de gauche à droite. Ses yeux troubles reflétaient une absence totale de pensée; en l'observant, on aurait pu croire que son balancement n'était pas l'effet d'une volonté consciente, mais d'un galvanisme [1] secret.

Soudain, ce visage de momie changea prodigieusement. Les lèvres cessèrent de remuer; les yeux s'animèrent; un homme, un inconnu se dressait devant la comtesse.

— N'ayez pas peur, madame, au nom du ciel, n'ayez pas peur, prononça Hermann à voix basse, mais en détachant ses mots. Je n'ai point l'intention de vous faire du mal. C'est une grâce que je viens vous implorer.

Silencieuse, la vieille le dévisageait et semblait ne rien entendre. Hermann la crut sourde et, se

1. *Galvanisme :* effet produit sur les muscles ou les nerfs par un courant électrique continu.

penchant à son oreille, répéta ses paroles. La comtesse se taisait toujours.

— Vous pouvez assurer mon bonheur, jusqu'à la fin de mes jours, et il ne vous en coûtera rien... Vous avez le pouvoir, je le sais, de me désigner trois cartes...

Il s'interrompit. La comtesse paraissait avoir compris ce qu'on exigeait d'elle et chercher ses mots pour répondre.

— C'était une plaisanterie, fit-elle enfin. C'était une plaisanterie, je vous le jure.

— Ce sont des choses avec lesquelles on ne plaisante pas, madame, répliqua Hermann, irrité. Souvenez-vous de Tchaplitzky que vous aidâtes à s'acquitter?

La comtesse était visiblement déconcertée. Ses traits reflétèrent un violent mouvement intérieur, mais, presque aussitôt, reprirent leur impassibilité.

— Pouvez-vous, oui ou non, me désigner vos trois cartes gagnantes?

La comtesse se taisait. Hermann poursuivit :

— Pour qui garder votre secret?... Pour vos petits-fils?... Ils sont déjà suffisamment riches et ne savent même pas le prix de l'argent... Croyez-vous que vos trois cartes puissent servir à des prodigues[1]?... Le diable lui-même dût-il s'en mêler, quiconque ne sait pas garder son patrimoine mourra dans l'indigence[2]!... Je ne suis

1. *Prodigues :* qui dépensent sans compter, trop.
2. *Indigence :* pauvreté.

pas un prodigue, je connais le prix de l'argent : vos trois cartes ne seront pas perdues pour moi. Eh bien ! madame ?...

Il s'arrêta, guettant une réponse en tremblant. La comtesse ne disait mot. Hermann se jeta à genoux.

— Si jamais votre cœur a connu l'amour, s'il vous reste le moindre souvenir de ses extases, si vous avez souri en entendant les pleurs d'un fils nouveau-né, si quelque chose d'humain a brûlé dans votre poitrine, je vous supplie, madame, je vous conjure par l'amour d'une épouse, d'une amante, d'une mère, de tout ce qu'il y a de plus sacré, de ne pas rejeter ma prière, de me révéler votre secret ! Que vous sert-il ?... Peut-être est-il lié à quelque affreux péché, à une damnation éternelle, à un pacte diabolique... Songez, madame, vous êtes vieille, il ne vous reste plus longtemps à vivre — je suis prêt à prendre votre péché sur mon âme ! Livrez-moi votre secret !... Dites-vous bien que la félicité [1] d'un homme est entre vos mains, que moi-même, mes enfants, mes petits-enfants, nous bénirons tous votre mémoire et vous vénérerons à l'égal d'une sainte...

La vieille se taisait toujours.

Hermann se releva.

— Vieille sorcière ! proféra-t-il en grinçant des dents. Va, je saurai bien te faire parler !

Et il tira un pistolet de sa poche.

1. *Félicité :* bonheur.

Pour la seconde fois, la comtesse, à la vue du pistolet, trahit une violente émotion. Sa tête branla plus fort, elle étendit le bras, comme pour se protéger du coup... bascula à la renverse... resta immobile.

— Allons, cessez vos enfantillages, fit Hermann en lui prenant la main. Pour la dernière fois, je vous le demande. Voulez-vous me désigner vos trois cartes?... Oui ou non?

La comtesse ne répondit pas. Hermann s'aperçut qu'elle était morte.

CHAPITRE IV

7 mai 18**

*Homme sans mœurs et sans religion**.

(Correspondance.)

Lisavéta Ivanovna était assise dans sa chambre, encore en toilette de bal, plongée dans une profonde méditation. De retour à la maison, elle s'était empressée de renvoyer sa fille de chambre, à moitié endormie, et lui proposant à contrecœur ses services, en lui déclarant qu'elle se déshabillerait seule. Ensuite, elle était montée dans sa chambre, espérant y trouver Hermann et souhaitant, en même temps, ne pas l'y voir. Du premier coup d'œil, elle s'assura de son absence et remercia le destin d'avoir fait obstacle à leur entrevue.

Elle s'assit, sans se déshabiller, et se prit à évoquer toutes les circonstances d'une aventure si récente et qui, pourtant, l'avait menée déjà si loin. Trois semaines à peine s'étaient écoulées depuis qu'elle avait aperçu pour la première fois le jeune homme de sa fenêtre, et pourtant elle était en correspondance avec lui et il avait obtenu d'elle un rendez-vous nocturne! Elle connaissait son nom parce qu'il avait signé quelques-unes de ses lettres; jamais elle ne lui avait parlé, perçu le son de sa voix; jamais elle n'avait entendu parler de lui... avant ce soir-là.

Singulière coïncidence! Au bal, Tomsky, boudant la jeune princesse Pauline X... qui contre son habitude ne faisait pas la coquette avec lui, avait résolu de se venger et de feindre la froideur à son égard. Ayant invité Lisavéta Ivanovna, il avait dansé avec elle une interminable mazurka[1] et fait force plaisanteries sur l'intérêt qu'elle semblait porter aux officiers du génie, en assurant qu'il en savait beaucoup plus long qu'il n'en avait l'air. Certains de ses traits étaient tombés si justes que Lisavéta Ivanovna l'avait cru, à plusieurs reprises, versé dans son secret.

— De qui tenez-vous tout cela? fit-elle en riant.

— D'un ami de la personne que vous savez, répondit Tomsky. Un homme très remarquable.

— Ah! ah! et qui est cet homme remarquable?

— Il s'appelle Hermann.

Lisavéta Ivanovna ne répondit rien, mais sentit ses mains et ses pieds se glacer.

— Ce Hermann, reprit Tomsky, est un personnage réellement romanesque : le profil de

1. *Mazurka :* danse d'origine polonaise.

Napoléon et l'âme de Méphisto. Je gage qu'il a au moins trois crimes sur la conscience... Oh! comme vous êtes pâle!

— J'ai la migraine... Et qu'a-t-il dit votre Hermann... ou, comment l'appelez-vous déjà?...

— Il est très mécontent de son ami et prétend qu'à sa place il en aurait usé tout autrement... C'est à croire que Hermann lui-même a des vues sur vous. Du moins, il paraît prêter une oreille bien attentive aux confidences amoureuses de son ami.

— Mais où donc m'a-t-il vue?

— A l'église... ou à la promenade... Que sais-je!... Voire dans votre chambre, pendant que vous dormiez — avec lui on peut s'attendre à tout!

En ce moment, trois dames s'avançant pour inviter Tomsky à choisir entre *oubli* et *regret*[1] interrompirent une conversation qui excitait douloureusement la curiosité de la jeune fille.

Il se trouva que la dame choisie par Tomsky était précisément la princesse X... Elle eut tout le temps de s'expliquer avec lui, en faisant un tour de plus et s'attardant à regagner sa chaise. De retour auprès de sa danseuse, le volage officier ne pensait plus à elle, ni à Hermann. Lisavéta Ivanovna essaya de reprendre le propos interrompu, mais la mazurka prit fin, et peu

1. *Entre oubli* et *regret :* les dames proposant ce choix décidaient à l'avance entre elles qui était « oubli » et qui « regret ». Le cavalier devait danser avec la dame dont il prononçait le mot.

après la vieille comtesse exprima son intention de rentrer.

Les paroles de Tomsky n'avaient pas été autre chose que badinage[1] de bal, mais elles étaient tombées profondément dans l'âme de la jeune rêveuse. Le portrait, ébauché par l'officier, s'accordait parfaitement avec l'image qu'elle s'était faite, elle-même, de Hermann, et, grâce aux derniers romans parus, elle voyait dans ce visage, somme toute banal, de quoi l'effrayer et la charmer.

Elle restait assise, les bras nus croisés sur sa poitrine décolletée, sa tête encore parée de fleurs légèrement penchée en avant... Soudain, la porte s'ouvrit laissant entrer Hermann. Elle tressaillit...

— Où étiez-vous donc ? fit-elle, dans un murmure angoissé.

— Dans la chambre à coucher de la vieille comtesse. Je la quitte à l'instant. Elle est morte.

— Mon Dieu... Que dites-vous ?...

— Et je crois bien avoir été cause de sa mort.

Lisavéta Ivanovna le regarda, et les paroles de Tomsky retentirent dans sa mémoire : *Cet homme a au moins trois crimes sur la conscience** *!* Hermann s'assit sur le rebord de la fenêtre près d'elle et lui raconta tout.

Lisavéta Ivanovna l'écoutait avec épouvante. Ainsi donc, ces messages passionnés, ces pressantes objurgations[2], cette poursuite audacieuse,

1. *Badinage :* paroles galantes et sans importance.
2. *Objurgations :* supplications, objections.

obstinée, n'étaient pas de l'amour! L'argent! voilà ce qui enflammait son âme! Ce n'était pas elle qui pouvait combler ses désirs et assurer sa félicité! La malheureuse enfant n'avait été que la complice involontaire et aveugle du meurtrier de sa vieille bienfaitrice... Elle fondit en larmes amères, dans un accès de repentir tardif.

Hermann la regardait sans mot dire. Son cœur était déchiré, mais les larmes de l'infortunée, ni la touchante beauté de sa douleur — rien de cela n'émouvait son âme inébranlable. Il n'avait aucun remords en songeant à la vieille morte. Un seul fait le terrifiait : la perte irréparable du secret qui devait asseoir sa fortune.

— Vous êtes un monstre! proféra enfin Lisavéta Ivanovna.

— Je ne voulais pas sa mort, répliqua Hermann. Voyez, mon pistolet n'est pas chargé.

Ils se turent.

Le jour se levait. Lisavéta Ivanovna souffla sa chandelle expirante. Une pâle clarté pénétra dans la pièce. La jeune fille essuya ses yeux éplorés et les leva vers Hermann : il était assis à la même place, les bras en croix, les sourcils froncés terriblement. Dans cette posture, il évoquait singulièrement le portrait de Napoléon. La ressemblance frappa Lisavéta Ivanovna.

— Comment allez-vous pouvoir sortir d'ici? fit-elle enfin. Je voulais vous conduire par l'escalier dérobé, mais il faut pour cela traverser la chambre à coucher, et j'ai peur.

— Dites-moi comment trouver cet escalier, et je sortirai.

Lisavéta Ivanovna se leva, prit une clef dans sa commode et la remit à Hermann, avec des instructions précises. Le jeune homme serra sa main froide, insensible, déposa un baiser sur son front penché et sortit.

Il descendit l'escalier en colimaçon et pénétra de nouveau dans la chambre à coucher de la comtesse. La vieille était assise dans son fauteuil, roide[1]; ses traits exprimaient un calme profond. Hermann s'arrêta en face d'elle, la contempla longuement, comme pour s'assurer de l'effrayante vérité, passa dans le cabinet noir, découvrit une porte, à tâtons, derrière la tapisserie, l'ouvrit et s'engagea sur un escalier obscur, agité par d'étranges sentiments.

« Qui sait, songeait-il, par ce même escalier, il y a quelque soixante ans, se faufilait dans la chambre à coucher un jeune et heureux amant en habit brodé, coiffé à *l'oiseau royal**, serrant son tricorne[2] contre sa poitrine. Il a pourri dans sa tombe, depuis longtemps, et le cœur de sa maîtresse a cessé de battre aujourd'hui... »

Au bas de l'escalier, Hermann vit une porte. Il l'ouvrit avec la même clef et se trouva dans un corridor, qui le mena dans la rue.

1. *Roide :* raide.
2. *Tricorne :* chapeau à trois cornes.

CHAPITRE V

Cette nuit m'est apparue la défunte baronne von W... Elle était tout en blanc et m'a dit : « Bonjour, monsieur le conseiller ! »

SWEDENBORG[1].

Trois jours après cette fatale nuit, Hermann partit, à neuf heures du matin, pour le couvent de X..., où l'on devait rendre les derniers devoirs à la dépouille mortelle de la défunte comtesse.

Bien qu'il n'éprouvât point de repentir, il ne pouvait étouffer la voix de sa conscience, qui lui répétait : « Tu es le meurtrier de la vieille ! » A défaut de foi vraie, il avait beaucoup de superstition. Convaincu que la comtesse morte pouvait lui porter malheur, il résolut de se rendre à ses obsèques, afin d'obtenir son pardon.

L'église était pleine de monde, et Hermann eut beaucoup de peine à se frayer un passage. La

1. *Swedenborg :* savant et philosophe suédois (1688-1772) ; il fonda une secte mystique qui affirmait l'existence de réalités suprasensibles, surnaturelles.

bière[1] était disposée sur un somptueux catafalque[2], sous un baldaquin de velours. La défunte y était étendue, les mains croisées sur la poitrine, coiffée d'un bonnet de dentelles, vêtue d'une robe de satin blanc. La famille et les gens de maison[3] étaient réunis autour du catafalque : domestiques en cafetans[4] noirs, nœud de rubans armoriés sur l'épaule et le cierge à la main ; parents en grand deuil, enfants, petits-enfants, arrière-petits-enfants. Personne ne pleurait : les larmes eussent été *une affectation**[5]. La défunte était trop vieille pour que son décès pût surprendre quiconque, et ses parents l'avaient mentalement enterrée de longue date. Un jeune évêque prononça l'oraison funèbre[6]. En des termes simples et touchants, il peignit la fin sereine de cette femme juste, dont la longue existence n'avait été qu'une préparation paisible et attendrissante à une mort chrétienne. L'ange de la mort l'a surprise dans de bienheureuses méditations et dans l'attente du fiancé de minuit.

Le service s'acheva dans une décente afflic-

1. *Bière :* cercueil.
2. *Catafalque :* estrade destinée à recevoir le cercueil.
3. *Gens de maison :* domestiques.
4. *Cafetans :* mot d'origine turque, grands manteaux longs.
5. *Affectation :* manque de naturel, faux semblant.
6. *Oraison funèbre :* discours prononcé lors de funérailles et faisant l'éloge du mort.

tion[1]. Les parents, les premiers, défilèrent pour faire leurs ultimes adieux à la dépouille. Puis ce fut le tour des innombrables invités, venus saluer celle qui, depuis si longtemps, avait été la compagne de leurs frivoles divertissements. Vinrent enfin les domestiques, et en dernier lieu une vieille demoiselle, la favorite de la défunte, aussi âgée qu'elle. Deux servantes la soutenaient. Elle n'avait pas la force de s'agenouiller et se contenta de verser des larmes, en baisant la main glacée de sa maîtresse.

Hermann se décida à avancer vers le cercueil. Il se prosterna et resta un moment étendu sur les dalles froides, jonchées de branches de sapin. Puis il se releva, aussi blême que la comtesse, gravit les marches du catafalque, se pencha sur le corps... Il lui sembla, soudain, que la morte le dévisageait d'un air moqueur, en clignant un œil. Se rejetant précipitamment en arrière, il fit un faux pas et s'étendit de tout son long. On le releva.

Au même instant, Lisavéta Ivanovna, qui avait perdu connaissance, était emportée sur le parvis du temple. Cet incident troubla momentanément la triste solennité de la cérémonie. Il se fit une sourde rumeur, parmi les invités, et un maigre chambellan, proche parent de la défunte, souffla à l'oreille de son voisin — un Anglais — que le jeune officier était un fils de la comtesse,

1. *Décente affliction :* chagrin normal, qui n'est pas exagéré.

un fils de la main gauche. L'autre se contenta de faire froidement : « Oh ? »

Tout le jour, Hermann fut singulièrement abattu. Dînant dans une gargote écartée, il but copieusement, en dépit de ses habitudes de tempérance, croyant étouffer son angoisse. Le vin ne servit qu'à enflammer son imagination.

De retour chez lui, il se jeta sur son lit, sans se dévêtir, et s'endormit sur-le-champ.

Il se réveilla tard dans la nuit ; la lune éclairait sa chambre. Il jeta un coup d'œil sur sa montre : il était trois heures moins un quart. Le sommeil l'ayant fui, il se mit sur son séant et se prit à penser aux funérailles de la comtesse.

En cet instant précis, le visage d'un passant apparut à sa fenêtre et s'éclipsa aussitôt. Hermann n'y prêta pas la moindre attention. Une minute plus tard, il entendit pousser la porte de l'antichambre et se dit que son ordonnance rentrait d'une expédition nocturne, ivre comme toujours... Mais il perçut le bruit d'un pas inconnu : quelqu'un marchait, à côté, en traînant doucement ses pantoufles. La porte s'ouvrit, laissant entrer une femme en blanc. Hermann la prit pour sa vieille nourrice et fut étonné de la voir à pareille heure. Mais la dame blanche sembla glisser, se trouva subitement devant lui, et il reconnut la comtesse !

— Je suis ici contre mon gré, prononça-t-elle d'une voix ferme. J'ai reçu l'ordre d'exaucer ton vœu. Le trois, le sept et l'as gagneront l'un après l'autre. Mais il faut que tu t'engages à ne pas miser plus d'une fois par vingt-quatre heures et à ne plus jamais jouer, ensuite. Je te pardonne ma mort, à condition que tu épouses ma pupille[1].

A ces mots, elle lui tourna le dos, marcha vers la porte et disparut en traînant légèrement ses pantoufles. Hermann entendit claquer la porte de l'antichambre et aperçut de nouveau un visage à sa fenêtre.

Il se passa un bon moment avant qu'il retrouvât ses esprits. Revenu à lui, Hermann passa dans l'autre pièce. L'ordonnance[2] dormait, affalé sur le plancher et ne s'éveilla qu'à grand-peine. L'homme était ivre, comme de coutume, et l'on n'en pouvait tirer rien de sensé. La porte du vestibule était fermée à clé. Hermann retourna dans sa chambre, alluma une chandelle et écrivit le récit de sa vision.

1. *Pupille :* en tant qu'orpheline, Lisavéta était à la charge de la comtesse.

2. *Ordonnance :* le militaire qui servait Hermann, était à sa disposition.

CHAPITRE VI

— Attendez!
— Quoi, vous avez osé me dire : attendez?
— Votre Excellence, j'ai dit : Daignez attendre!

Deux idées fixes ne peuvent coexister dans le monde moral, pas davantage que dans le monde physique deux corps ne peuvent remplir le même espace. Le trois, le sept et l'as eurent tôt fait d'éclipser, dans l'imagination de Hermann, la vision de la vieille comtesse morte. Ces trois cartes ne lui sortaient plus de la tête et venaient à tout instant sur ses lèvres. Apercevant une jeune fille il s'écriait :

— Comme elle est gracieuse!... Un vrai trois de cœur!

Et, quand on lui demandait l'heure :

— Un sept moins cinq minutes.

Tout gros homme qu'il voyait lui rappelait un as. Le trois, le sept et l'as le poursuivaient jusqu'en songe, sous les incarnations les plus diverses : le trois s'épanouissait luxurieusement, comme un *magnolia grandiflora*; le sept était un porche gothique; l'as se métamorphosait en une énorme araignée. Toutes ses pensées se concentraient sur un seul dessein : tirer parti d'un secret qu'il avait payé cher. Il songea à quitter l'armée pour voyager. Il voulait se rendre à Paris, où l'on joue ouvertement, extorquer un trésor à la fortune ensorcelée. Le hasard le tira d'embarras.

Il s'était formé, à Moscou, une société de joueurs riches, présidée par le fameux Tchékalinsky qui avait passé toute sa vie à jouer aux cartes et amassé des millions, car il gagnait des traites[1] et perdait en argent comptant. A sa longue expérience, il devait la confiance de ses amis : à son affabilité d'hôte, à sa gaieté, à son excellente cuisine — l'estime des gens du monde. Il vint à Saint-Pétersbourg. Aussitôt, la jeunesse se pressa dans ses salons, oubliant le bal pour les cartes et préférant les séductions du pharaon[2] à celles de la galanterie. Naroumov lui amena Hermann.

Ils traversèrent toute une enfilade de pièces magnifiques, remplies de domestiques empressés. Des généraux et des conseillers secrets jouaient au whist[3]; des jeunes gens paressaient, affalés sur des divans tendus de soie, prenaient des glaces et fumaient la pipe. Le maître de la

1. *Traites :* lettres de change, reconnaissances de dettes.
2. *Pharaon :* jeu de hasard et de cartes qui ressemble au baccara.
3. *Whist :* jeu de cartes, ancêtre du bridge.

maison trônait au salon, derrière une grande table que cernaient une vingtaine de joueurs et tenait la banque. C'était un homme d'une soixantaine d'années, de la mine la plus respectable; ses cheveux étaient d'argent, son visage frais et plein respirait la bonhomie[1]; ses yeux brillaient d'un sourire continuel. Naroumov lui présenta Hermann. Tchékalinsky lui serra cordialement la main, le pria de ne pas faire de cérémonie et reprit sa taille[2].

Elle fut longue. On avait ponté[3] sur plus de trente cartes. Tchékalinsky s'arrêtait après chaque coup, afin de laisser aux joueurs le temps de rendre leurs dispositions, inscrivait les pertes, prêtait courtoisement l'oreille à toute réclamation et, plus courtoisement encore, redressait le coin d'une carte, qu'une main distraite avait pliée.

La taille prit fin. Tchékalinsky battit les cartes et se prépara à en faire une nouvelle.

— Permettez-moi de prendre une carte, fit Hermann, en allongeant la main par-dessus un gros homme, qui pontait à côté de lui.

Tchékalinsky sourit et s'inclina silencieusement, en signe de courtois assentiment. Naroumov, en riant, félicita Hermann de s'être décidé à sortir de sa longue abstinence et lui souhaita un heureux début.

1. *Bonhomie :* bienveillance, gentillesse.

2. *Taille :* série complète des coups, jusqu'à ce que le banquier ait épuisé ses cartes.

3. *Ponté :* misé.

— Va ! dit Hermann, en inscrivant sa mise, à la craie, au-dessus de la carte.

— Combien ? s'informa le banquier en clignant les yeux. Excusez-moi, je ne vois pas très bien.

— Quarante-sept mille roubles, répondit Hermann.

À ces mots, toutes les têtes se tournèrent incontinent et tous les regards convergèrent sur lui.

« Il est fou ! » se dit Naroumov.

— Permettez-moi de vous faire observer, répliqua Tchékalinsky, avec son immuable sourire, que votre jeu est fort. Jusqu'à présent, personne ici n'a ponté plus de deux cent soixante-quinze roubles sur le simple[1].

— Bon !... Acceptez-vous ma carte, oui ou non ?

Tchékalinsky inclina la tête, avec une expression d'humble docilité.

— Je voulais seulement vous faire observer qu'étant honoré de la confiance de mes amis, je ne puis tailler que moyennant argent comptant. Croyez bien que, personnellement, je suis convaincu que votre parole suffit, mais enfin, pour la bonne règle et la facilité de mes comptes, je vous demanderai de miser la somme sur la carte.

Hermann tira de sa poche un certificat de banque et le remit à Tchékalinsky, qui le posa sur la carte jouée, après un rapide coup d'œil.

1. *Sur le simple :* sur une seule carte.

Il commença de tailler. Un neuf tomba à droite, un trois à gauche.

— Gagné! dit Hermann en retournant sa carte.

Un murmure se fit parmi les joueurs. Tchékalinsky fronça les sourcils, mais l'immuable sourire reparut à l'instant sur ses lèvres.

— Faut-il régler? s'informa-t-il.

— Je vous en prie.

Le banquier tira quelques billets de sa poche et paya sans plus attendre. Hermann, ayant touché son argent, s'éloigna de la table. Naroumov était abasourdi. Hermann prit un verre de limonade et rentra chez lui.

Le lendemain soir, il était de nouveau chez Tchékalinsky. Ce dernier était à la banque. Hermann s'approcha de la table. On s'écarta pour lui faire place. Tchékalinsky le salua d'un air suave[1].

Le jeune officier attendit la fin de la taille, prit une carte, misa ses quarante-sept mille roubles et son gain de la veille.

Tchékalinsky commença de tailler. Un valet à droite, un sept à gauche.

Hermann retourna un sept.

Il y eut un « ah! » unanime. Tchékalinsky était visiblement déconcerté. Il compta quatre-vingt-quatorze mille roubles et les remit au gagnant. Hermann les prit avec un parfait détachement et sortit aussitôt.

1. *Suave :* aimable, doux.

Le lendemain soir, il reparut à la table. Tous l'attendaient; généraux et conseillers secrets avaient délaissé leur whist pour assister à une partie aussi extraordinaire. Les jeunes officiers avaient quitté précipitamment leurs divans. Les domestiques s'étaient tous réunis au grand salon. Tout le monde faisait cercle autour de Hermann. Personne ne pontait, tous guettaient avec impatience l'issue du jeu.

Hermann, debout près de la table, se disposait à ponter seul contre Tchékalinsky, blême, mais toujours souriant. Chacun des adversaires décacheta un jeu. Tchékalinsky battit les cartes. Hermann coupa, choisit sa carte et la couvrit d'une liasse de billets de banque. On eût dit un duel. Un profond silence régnait autour de la table.

Tchékalinsky commença de tailler; ses mains tremblaient. Une dame à droite, un as à gauche.

— L'as gagne! s'écria Hermann en retournant sa carte.

— Votre dame est battue, observa d'un ton caressant Tchékalinsky.

Hermann tressaillit. En effet, au lieu de l'as, il avait devant lui une dame de pique. N'en croyant pas ses yeux, il se demandait comment il avait pu faire pareille méprise.

En ce moment, il lui sembla que la dame de pique lui clignait de l'œil et souriait d'un air railleur. L'invraisemblable ressemblance le stupéfia...

— La vieille! hurla-t-il, terrifié.

Tchékalinsky ramassa son gain. Hermann res-

tait sans faire un geste. Quand il s'éloigna de la table, une rumeur bruyante s'éleva : « Un fameux ponte! » disaient les joueurs. Tchékalinsky battit les cartes; le jeu continua.

CONCLUSION

Hermann est devenu fou. Il est à l'hôpital Oboukhov, au numéro 17, ne répond à aucune question et ne cesse de bredouiller rapidement : « Trois, sept, as! Trois, sept, dame!... »

Lisavéta Ivanovna est mariée à un fort honnête jeune homme; il a une bonne place et dispose d'une coquette fortune : c'est le fils de l'ancien intendant de la vieille comtesse. Lisavéta Ivanovna a recueilli, chez elle, une parente pauvre, devenue sa pupille.

Tomsky est passé capitaine et va épouser la princesse Pauline.

À VOUS DE JOUER

TESTEZ

VOTRE ATTENTION

VOTRE MÉMOIRE

VOS CONNAISSANCES

VOTRE PERSPICACITÉ

Pouchkine et Compagnie

1. ***Rendez à chacun de ces écrivains russes les œuvres dont il est l'auteur.***

Pouchkine (1799-1837) ●	● *Nouvelles pétersbourgeoises*
Gogol (1809-1852) ●	● *L'Idiot. Crime et Châtiment*
Tourguéniev (1818-1883) ●	● *Premier Amour*
Dostoïevski (1821-1881) ●	● *La Mouette. La Cerisaie. Oncle Vania*
Tolstoï (1828-1910) ●	● *Les Récits de Belkine. La Fille du capitaine*
Tchékhov (1860-1904) ●	● *Guerre et Paix. Anna Karénine*

2. **Qui était Pouchkine ?**

Pouchkine était né dans...

❑ une famille de propriétaires nobles et cultivés vivant à Moscou des revenus de leurs terres.

❑ une famille de paysans travaillant comme serfs sur les terres de propriétaires nobles.

Pouchkine...

❑ pratiqua et apprécia très tôt la langue et la littérature anglaises et françaises.

❑ ne lut que de la littérature russe.

Il fut...

❑ favorable

❑ hostile ***aux mouvements révolutionnaires qui agitèrent l'Europe à partir de 1815.***

Il était...

❑ partisan du respect de la monarchie absolue et de l'ancien système féodal.

❑ favorable à un régime plus libéral et à l'abolition du servage.

Il vécut sous les règnes de...

❑ Paul Ier. ❑ Alexandre Ier.

❑ Nicolas Ier. ❑ Alexandre II.

Pouchkine...

❑ fut toujours en très bons termes avec le pouvoir.

❑ eut sans cesse des démêlés avec le pouvoir et vit censurer certaines de ses œuvres.

3. **Que lisait Pouchkine ?**

Voici des écrivains que Pouchkine a lus. Deux intrus s'y sont glissés. Saurez-vous les retrouver ?

Voltaire - Molière - Zola - La Fontaine - André Chénier

Byron - Shakespeare - Kipling - Walter Scott

Parlez-vous russe ?

Rendez à chaque mot la définition qui lui convient.

icône ●	● bouilloire russe
kopeck ●	● grand traîneau attelé de trois chevaux
tsar ●	● peinture religieuse exécutée sur un panneau de bois
samovar ●	● noble russe
troïka ●	● unité monétaire de la Russie
verste ●	● nom donné aux anciens empereurs de la Russie
boyard ●	● petite monnaie russe de peu de valeur
rouble ●	● mesure de longueur équivalent à 1 067 m.

PARLEZ-VOUS GREC ?

À partir des éléments suivants, composez les noms qui conviennent aux définitions.

anglo- germano- slavo- franco- socio-
claustro- mégalo- cardio- anthropo-

-phile -phobe -logue -mane -phone

Un .... a la folie des grandeurs.
Un .... parle le français.
Un .... étudie les hommes et leurs façons de vivre.
Un .... apprécie le peuple et la culture slaves.
Un .... déteste rester dans un lieu clos.
Un .... a la manie d'imiter les Anglais.
Un .... étudie les faits de société.
Un .... parle l'allemand.
Un .... étudie et soigne les maladies du cœur.

Bizarre, bizarre !

Pour chaque élément de ce récit, cochez la ou les cases qui conviennent.

	Vraisemblable	Étrange	Totalement invraisemblable
1. À la suite d'un repas très arrosé chez le cordonnier Gottlieb Schultz, le marchand de cercueils rentre chez lui et gagne son lit, où il ronfle bientôt.	❑	❑	❑
2. Il fait encore nuit quand on le réveille : Mme Trioukhina vient de mourir : il est chargé d'assurer le service funèbre.	❑	❑	❑
3. Sa mission accomplie, le marchand de cercueils rentre chez lui tard dans la nuit, quand il lui semble voir quelqu'un ouvrir la barrière devant sa maison, puis disparaître à l'intérieur.	❑	❑	❑
4. Le marchand s'inquiète et s'apprête à aller demander de l'aide lorsqu'il voit une autre silhouette s'approcher de la barrière.	❑	❑	❑
5. Le personnage, que le marchand de cercueils croit confusément reconnaître, lui enjoint d'entrer pour montrer le chemin à ses invités.	❑	❑	❑

	Vraisemblable	Étrange	Totalement invraisemblable
6. Quand Adrien, le marchand de cercueils, pénètre dans sa maison, la pièce est pleine de morts : ce sont tous les défunts dont il a assuré les obsèques.	❑	❑	❑
7. L'un d'eux, un petit squelette, s'approche d'Adrien. Son crâne lui sourit affectueusement. C'est le sergent de la Garde à qui Adrien avait vendu un cercueil en sapin en lui faisant croire que c'était du chêne.	❑	❑	❑
8. Le squelette veut embrasser le marchand de cercueils, mais celui-ci le repousse en criant. Le squelette chancelle alors, s'affaisse et tombe en miettes.	❑	❑	❑
9. Le reste des invités s'indigne, injurie et menace Adrien, qui perd contenance et s'évanouit.	❑	❑	❑
10. « Depuis longtemps, le soleil éclairait le lit, où reposait le marchand de cercueils » qui se réveille et aperçoit la servante. Il fait allusion aux « incidents de la nuit », mais la servante l'assure qu'il divague ou qu'il a trop bu chez l'Allemand et qu'il n'a pas cessé de dormir depuis le retour du repas de la veille au soir.	❑	❑	❑

Pensez-vous que cette nouvelle est…

❑ réaliste *ou* ❑ fantastique ?

Portraits

1. Je me passe les joues au blanc, je me farde les yeux, je porte corset et fais modestement la révérence devant les étrangers ; je m'ennuie à mourir dans cette barbare Russie ; de plus, je suis horriblement susceptible et déteste qu'on se moque de moi.

Qui suis-je ? ....

2. J'ai perdu le plus clair de ma fortune à Moscou. Heureusement, je peux encore me passer quelques fantaisies sur mes terres où j'ai un parc à l'anglaise et des cochers en tenue de jockeys britanniques ; mes revenus sont d'autant moins brillants que mes nouvelles méthodes – britanniques – de culture du blé ne m'ont pas réussi ; on me dit pourtant plutôt malin et audacieux.

Qui suis-je ? ....

3. Me voilà rentré dans le village paternel après quelques années d'études. Je voulais devenir militaire, mais mon père s'y est opposé. J'ai donc décidé de me laisser pousser la moustache et d'aller chasser. Je suis la coqueluche de toutes les jeunes filles du pays. J'ai parfois des airs sombres et désenchantés, mais je sais aussi être un brave et ardent garçon, un peu innocent même parfois…

Qui suis-je ? ....

4. J'ai les yeux noirs, dix-sept ans, un charmant visage bronzé, je suis fille unique, et donc enfant gâtée, mais ma vivacité fait les délices de mon père, et je suis capable de toutes les fantaisies.

Qui suis-je ? ....

5. Je possède en province une belle maison et une fabrique de draps, dont je tiens consciencieusement les comptes ; je hais toutes les sortes d'innovations, je lis exclusivement la *Gazette du sénat* ; on me reproche ma fierté, mais on m'apprécie.
Qui suis-je ? ....

Comédie amoureuse

1. ***Lise et Alexis sont voisins. Ils sont tous deux jeunes et pleins de charme ; ils pourraient se rencontrer et se plaire s'il n'y avait un obstacle :***
   - ❑ leurs pères sont en mauvais termes, ils n'ont ni les mêmes conceptions économiques, ni la même philosophie de l'existence ; il est donc impossible aux enfants de se rencontrer avec l'assentiment de leurs pères.
   - ❑ Lise est d'une condition trop élevée pour épouser Alexis.
   - ❑ Alexis doit repartir bientôt : il se destine à une carrière militaire.
2. ***Quel stratagème Lise trouve-t-elle pour surmonter cet obstacle ?***
   - ❑ Elle s'efforce de réconcilier les pères.
   - ❑ Elle tente de persuader Alexis de renoncer à la carrière militaire.
   - ❑ Elle se déguise en paysanne pour pouvoir rencontrer Alexis sans être reconnue.

3. *Lorsque Lise rencontre effectivement Alexis, celui-ci…*

❑ la trouve vraiment trop grossière avec ses sandales bariolées et son parler paysan, et ne s'attarde pas.

❑ démasque la jeune fille et repart aussi convaincu que son père des mœurs détestables de la famille Mouromski.

❑ tombe sous le charme d'une paysanne qu'il trouve pleine d'attraits et singulièrement raffinée ; il demande à la revoir.

4. *Quel autre obstacle se dresse devant la jeune fille ?*

❑ À la suite d'une chute de cheval, et du secours apporté par Berestov à son ancien ennemi, les deux propriétaires se réconcilient. Mouromski invite son voisin à dîner avec son fils.

❑ À la suite d'une rencontre à cheval et d'une altercation, les deux pères se sont provoqués en duel.

❑ Alexis veut absolument connaître le père de Lise et organiser un repas pour que les familles se rencontrent.

5. *Comment Lise parvient-elle à surmonter ce deuxième obstacle ?*

❑ Puisque le dîner est inévitable, Lise décide de s'y présenter, raide, le visage enduit de blanc, les yeux fardés, couverte de bijoux, méconnaissable.

❑ Lise invite les deux pères à se rencontrer à un repas pour se réconcilier avant de s'affronter.

❑ Lise accède au désir d'Alexis, mais lui dévoile auparavant sa véritable identité.

6. ***Finalement les deux familles se sont rencontrées...***

❑ Tout le monde s'entend à merveille et parle de se revoir.

❑ Une fois de plus, Alexis n'y a vu que du feu et ne trouve aucun attrait à la fille de la maison.

❑ Les deux pères renoncent au duel en voyant à quel point leurs enfants s'entendent bien.

7. ***Les deux pères projettent fermement de marier leurs enfants. Le père d'Alexis lui en parle donc... mais Alexis est-il d'accord ?***

❑ Oui et son père ravi lui promet de lui léguer au plus vite toute sa fortune.

❑ Non et son père furieux menace de le déshériter.

Le père de Lise de son côté...

❑ en parle à sa fille qui fait mine d'être épouvantée mais se trouve secrètement ravie.

❑ n'en parle pas à la jeune fille, mais pense que le temps rapprochera les deux jeunes gens.

8. ***Comment se dénoue l'intrigue ?***

❑ Lise donne à nouveau rendez-vous à Alexis dans les champs, mais cette fois-ci, elle vient sans déguisement et lui avoue la supercherie.

❑ Alexis décide finalement de s'engager dans l'armée pour échapper au mariage ; apprenant cela, Lise, morte de chagrin, entre au couvent.

❑ Alexis décide d'aller expliquer au père de la jeune fille qu'il en aime une autre, se rend chez les Mouromski à l'improviste... et la reconnaît. Une heureuse fin s'annonce...

Les acteurs du drame

1. ***Hermann est…***

❑ un jeune hobereau qui cultive ses terres.

❑ un militaire, officier du génie.

Hermann est un jeune homme…

❑ rêveur et bohème.

❑ soucieux de son avenir et économe.

Il est d'un caractère…

❑ agréable et modeste.

❑ dissimulé, calculateur et orgueilleux.

Il se montre d'abord réservé parce qu'il…

❑ est mesuré dans ses pensées comme dans ses actions.

❑ a des passions violentes qu'il réprime à force de volonté.

Quand ses amis jouent aux cartes, il se contente d'abord de les regarder jouer car…

❑ il n'aime pas les jeux de hasard.

❑ malgré sa passion pour le jeu, il ne se trouve pas assez riche pour risquer de perdre.

2. ***Lisavéta Ivanovna est…***

❑ une jeune fille du monde, riche et désœuvrée.

❑ une demoiselle de compagnie aux maigres revenus.

Face à une maîtresse capricieuse, Lisavéta se montre…

❑ obéissante et patiente.

❑ désagréable et inefficace.

Elle est…

❑ adulée par les hommes.

❑ charmante mais négligée des jeunes gens.

Sa situation...

❏ lui convient parfaitement.

❏ lui pèse et la pousse à chercher quelqu'un qui puisse l'en sortir.

3. *La comtesse X... est une femme de...*

❏ 45 ans ? ❏ 63 ans ? ❏ 87 ans ?

Sa tenue...

❏ lui est indifférente : elle ne sort de toute façon que très rarement.

❏ est toujours très soignée, robe à l'ancienne mode, maquillage et coiffure sophistiqués : elle reçoit et sort beaucoup, goûtant encore les distractions de la haute société.

Elle est d'un tempérament...

❏ facile malgré son âge.

❏ autoritaire, capricieux et égoïste : ce n'est pas une mauvaise femme, mais son caractère se ressent d'une vie autrefois brillante et frivole.

VRAI OU FAUX ?

Pour chacune de ces affirmations, dites si elle est vraie ou fausse, et rétablissez la vérité quand cela est nécessaire.

1. Quelque temps après la fameuse soirée où il avait entendu Tomsky parler du secret que la comtesse Anna Fédotovna, sa grand-mère, détenait pour gagner aux cartes, Hermann vagabondait à travers la ville lorsqu'il tomba par hasard sur la maison de la comtesse.

❏ Vrai

❏ Faux ....

....

2. Il avait totalement oublié le personnage et son histoire, mais le frais visage d'une jeune fille aux yeux noirs qu'il aperçut à la fenêtre arrêta son regard et le rendit aussitôt fou amoureux.
❑ Vrai
❑ Faux ....
....

3. Il jura d'obtenir un rendez-vous et fit tout pour approcher la jeune fille. Bien souvent il s'attardait dans la rue, les yeux rivés sur la fenêtre de la comtesse, espérant attirer l'attention de sa demoiselle de compagnie.
❑ Vrai
❑ Faux ....
....

4. Celle-ci, surprise d'abord, fut peu à peu séduite par le mystérieux personnage, crut qu'il était touché de la voir, et finit par en tomber amoureuse.
❑ Vrai
❑ Faux ....
....

5. Un jour qu'elle accompagnait la comtesse en promenade, le jeune officier s'approcha d'elle et lui remit un billet, qui était une déclaration d'amour brûlante et sincère.
❑ Vrai
❑ Faux ....
....

6. Lisavéta répondit en le repoussant mais sans trop de dureté. Celui-ci ne se découragea pas et continua à lui envoyer des lettres toujours plus exaltées.
❑ Vrai
❑ Faux ....
....

7. Grisée, Lisavéta finit par lui donner rendez-vous chez elle en prenant soin de lui dire quel était le moment opportun pour entrer sans être vu, où était la chambre de la comtesse et comment l'éviter pour parvenir à la sienne.

❑ Vrai

❑ Faux ....

....

8. Suivant ses recommandations, Hermann parvint à s'introduire dans la demeure, mais se retrouva sans l'avoir voulu dans le cabinet de la comtesse.

❑ Vrai

❑ Faux ....

....

9. Là, il attendit que les caméristes, qui entouraient la comtesse pour sa toilette du soir, soient enfin sorties, et demanda à la comtesse son secret, espérant ainsi pouvoir être riche et rendre Lisavéta heureuse.

❑ Vrai

❑ Faux ....

....

10. Comme la comtesse ne disait rien, Hermann sortit son pistolet de sa poche pour intimider la vieille femme. Celle-ci, sous le coup de l'émotion, mourut.

❑ Vrai

❑ Faux ....

....

Quelle histoire !

Pour chacun de ces événements, trouvez la ou les bonnes explications.

1. ***Hermann va assister aux obsèques de la comtesse, pensant qu'il obtiendra ainsi son pardon. Mais alors qu'il se penche sur le cercueil, il fait un faux pas et tombe :***
   - ❏ il s'est pris les pieds dans le tapis et a trébuché.
   - ❏ saisi par un remords violent, il a été terrassé.
   - ❏ il a cru voir la morte le dévisager d'un air moqueur, en clignant un œil.
2. ***La nuit qui suivit les obsèques, Hermann « voit » la comtesse qui vient lui dévoiler son secret :***
   - ❏ ivre, il est en proie à des hallucinations.
   - ❏ c'est sa nourrice qui est entrée, en pantoufles, et qu'il confond avec la comtesse.
   - ❏ la comtesse, obéissant aux injonctions d'une puissance maléfique, revient effectivement lui donner la clé de l'énigme.
3. ***Après plusieurs succès remportés au jeu, Hermann finit par perdre. Il croit alors voir la dame de pique de sa carte cligner de l'œil et lui sourire d'un air railleur :***
   - ❏ la carte est effectivement ensorcelée.
   - ❏ épuisé par la tension du jeu, Hermann a des « visions ».
   - ❏ Hermann est déjà en proie au délire de la folie.
4. ***Hermann est devenu fou parce que…***
   - ❏ la comtesse lui est trop souvent apparue.
   - ❏ son tempérament, ses « passions violentes » et son « imagination de feu » l'y prédisposaient.
   - ❏ le Ciel l'a puni.

Rendez à chacun ce qui lui appartient

Reconstituez l'univers dans lequel vivent les petits artisans, les aristocrates moscovites et les hobereaux de campagne au temps de Pouchkine : complétez les textes suivants en choisissant parmi la liste ci-dessous les éléments qui conviennent.

une modeste maisonnette jaune – un immeuble à la façade splendidement illuminée – un manoir.
un corbillard traîné par deux faméliques haridelles – un carrosse – une calèche.
une seule servante – une demoiselle de compagnie, un grand nombre de laquais et de caméristes – des laquais habillés à l'anglaise, une gouvernante anglaise, une servante.
les repas de fête – le jeu, les bals, les promenades et la lecture – la chasse.
bière, mousseux – champagne, vin.

1. Adrien Prokhorov, le marchand de cercueils, emménage dans une .... Il a, pour tout moyen de transport, un .... Chez lui on trouve, un buffet, une table, un divan, un lit, une armoire aux icônes, un samovar pour le thé. Il a à son service .... Pour se distraire, il participe à des .... où l'on boit de la .... et du ....

2. La vieille comtesse X... habite .... dans Moscou. Pour ses promenades, elle sort en .... accompagnée de sa .... Elle est servie par .... qui ne cessent de la voler. Chez elle, on trouve toutes sortes de meubles et de bibelots, des tableaux peints par

Mme Vigée-Lebrun, une armoire aux icônes, etc. Les distractions de son milieu sont ....
On boit aussi volontiers du .... et du ....

3. Alexis Berestov et son père habitent un .... en province. Ils viennent rendre visite à leurs voisins, les Mouromski, en .... Les Mouromski ont un parc taillé à l'anglaise. Ils sont servis par des .... Lise, la jeune fille de la maison est entourée d'une .... et d'une jeune .... écervelée. La première fois qu'elle rencontre Alexis, celui-ci pratique une de ses activités favorites : .... Les deux jeunes gens rêvent aussitôt d'amour...

Solutions

Pouchkine et compagnie

1. Pouchkine, né en 1799 et mort en 1837, auteur des *Récits de Belkine,* de *La Fille du capitaine,* etc. / Gogol, né en 1809 et mort en 1852, auteur notamment des *Nouvelles pétersbourgeoises.* / Tourguéniev, né en 1818, mort en 1883, auteur notamment de *Premier Amour.* / Dostoïevski, né en 1821 et mort en 1881, auteur de *L'Idiot, Crime et Châtiment,* etc. / Tchékhov, né en 1860 et mort en 1904, auteur de *La Mouette, La Cerisaie, Oncle Vania,* etc. / Tolstoï, né en 1828 et mort en 1910, auteur de *Guerre et Paix, Anna Karénine,* etc.
2. Pouchkine était né dans une famille de propriétaires nobles et cultivés vivant à Moscou des revenus de leurs terres.
   Pouchkine pratiqua et apprécia très tôt la langue et la littérature anglaises et françaises.
   Il fut favorable aux mouvements révolutionnaires qui agitèrent l'Europe à partir de 1815.
   Il était favorable à un régime plus libéral et à l'abolition du servage.
   Il vécut sous les règnes de Paul Ier, Alexandre Ier et Nicolas Ier.
   Pouchkine eut sans cesse des démêlés avec le pouvoir et vit censurer certaines de ses œuvres.
3. Les intrus sont Zola (1840-1902) et Kipling (1865-1936), que Pouchkine n'a évidemment pas pu lire.

Parlez-vous russe ?

icône : peinture religieuse exécutée sur un panneau de bois
kopeck : petite monnaie russe de peu de valeur
tsar : nom donné aux anciens empereurs de la Russie
samovar : bouilloire russe
troïka : grand traîneau attelé de trois chevaux
verste : mesure de longueur équivalent à 1 067 m
boyard : noble russe
rouble : unité monétaire de la Russie

Parlez-vous grec ?

Un mégalomane a la folie des grandeurs.
Un francophone parle le français.
Un anthropologue étudie les hommes et leurs façons de vivre.
Un slavophile apprécie le peuple et la culture slaves.
Un claustrophobe déteste rester dans un lieu clos.
Un anglomane a la manie d'imiter les Anglais.
Un sociologue étudie les faits de société.
Un germanophone parle l'allemand.
Un cardiologue étudie et soigne les maladies du cœur.

Le Marchand de cercueils

Bizarre, bizarre !

1. Vraisemblable
2. Vraisemblable
3. Vraisemblable et étrange
4. Vraisemblable et étrange
5. Vraisemblable et étrange
6. Totalement invraisemblable
7. Totalement invraisemblable
8. Totalement invraisemblable
9. Totalement invraisemblable
10. Vraisemblable

Cette nouvelle est fantastique.

Portraits

1. Miss Jackson, la gouvernante anglaise de Lise
2. Ivan Pétrovitch Berestov
3. Alexis, le fils de Grigori Ivanovitch Mouromski
4. Lise, la fille d'Ivan Pétrovitch Berestov
5. Grigori Ivanovitch Mouromski

Comédie amoureuse

1. Leurs pères sont en mauvais termes, ils n'ont ni les mêmes conceptions économiques, ni la même philosophie de l'existence ; il est donc impossible aux enfants de se rencontrer avec l'assentiment de leurs pères.
2. Elle se déguise en paysanne pour pouvoir rencontrer Alexis sans être reconnue.
3. Alexis tombe sous le charme d'une paysanne qu'il trouve pleine d'attraits et singulièrement raffinée ; il demande à la revoir.
4. À la suite d'une chute de cheval, et du secours apporté par Berestov à son ancien ennemi, les deux propriétaires se réconcilient. Mouromski invite son voisin à dîner avec son fils.
5. Puisque le dîner est inévitable, Lise décide de s'y présenter, raide, le visage enduit de blanc, les yeux fardés, couverte de bijoux, méconnaissable.
6. Une fois de plus, Alexis n'y a vu que du feu et ne trouve aucun attrait à la fille de la maison.
7. Les deux pères projettent fermement de marier leurs enfants. Le père d'Alexis lui en parle donc... mais Alexis n'est pas d'accord et son père furieux menace de le déshériter.
   Le père de Lise de son côté n'en parle pas à la jeune fille, mais pense que le temps rapprochera les deux jeunes gens.
8. Alexis décide d'aller expliquer au père de la jeune fille qu'il en aime une autre, se rend chez les Mouromski à l'improviste... et la reconnaît. Une heureuse fin s'annonce...

Les acteurs du drame

1. Hermann est un militaire, officier du génie.
Hermann est un jeune homme soucieux de son avenir et économe.
Il est d'un caractère dissimulé, calculateur et orgueilleux.
Il se montre d'abord réservé parce qu'il a des passions violentes qu'il réprime à force de volonté.
Quand ses amis jouent aux cartes, il se contente d'abord de les regarder jouer car malgré sa passion pour le jeu, il ne se trouve pas assez riche pour risquer de perdre.

2. Lisavéta Ivanovna est une demoiselle de compagnie aux maigres revenus.
Face à une maîtresse capricieuse, Lisavéta se montre obéissante et patiente.
Elle est charmante mais négligée des jeunes gens.
Sa situation lui pèse et la pousse à chercher quelqu'un qui puisse l'en sortir.

3. La comtesse X…. est une femme de 87 ans.
Sa tenue est toujours très soignée, robe à l'ancienne mode, maquillage et coiffure sophistiqués ; elle reçoit et sort beaucoup, goûtant encore les distractions de la haute société.
Elle est d'un tempérament autoritaire, capricieux et égoïste : ce n'est pas une mauvaise femme, mais son caractère se ressent d'une vie autrefois brillante et frivole.

Vrai ou faux ?

1. Vrai

2. Faux : depuis qu'il a entendu parler du secret de la comtesse X…., il ne pense plus qu'au moyen de le connaître. Il ne tombe pas amoureux de la jeune fille qu'il voit à la fenêtre. Comme on le verra, il se servira d'elle pour atteindre la vieille dame.

3. Vrai

4. Vrai

5. Faux : la déclaration était tendre et respectueuse, mais elle n'était pas du tout sincère : c'était mot pour mot la traduction d'une lettre d'amour qu'il avait lue dans un roman allemand.

6. Vrai, mais l'exaltation est toujours feinte.

7. Vrai

8. Faux : Hermann n'est entré chez la vieille comtesse que pour lui soutirer son secret. Il reste donc volontairement dans son cabinet avant de trouver le moment opportun pour entrer dans sa chambre.

9. Vrai et faux : Hermann espère pouvoir être riche, mais il ne songe pas au bonheur de Lisavéta.

10. Vrai

QUELLE HISTOIRE !

1. Hermann va assister aux obsèques de la comtesse, pensant qu'il obtiendra ainsi son pardon. Mais alors qu'il se penche sur le cercueil, il fait un faux pas et tombe : *on ne peut pas savoir s'il a été saisi par un remords violent ou s'il a cru voir la morte le dévisager d'un air moqueur.*

2. La nuit qui suivit les obsèques, Hermann « voit » la comtesse qui vient lui dévoiler son secret : *on ne peut pas savoir s'il est ivre et en proie à des hallucinations ou si la comtesse, obéissant aux injonctions d'une puissance maléfique, revient effectivement lui donner la clé de l'énigme.*

3. Après plusieurs succès remportés au jeu, Hermann, se méprenant sur une carte, finit par perdre. Il croit alors voir la dame de pique de sa carte cligner de l'œil et lui sourire d'un air railleur. *On ne peut savoir si c'est parce que la carte est effectivement ensorcelée, si Hermann a des « visions » parce qu'il est épuisé par la tension du jeu, ou s'il est déjà en proie au délire de la folie.*

4. Hermann est devenu fou. *On ne peut savoir si c'est parce que la comtesse lui est trop souvent apparue, si son tempérament, ses « passions violentes » et son « imagination de feu » l'y prédisposaient, ou si c'est parce que le Ciel l'a puni.*

Rendez à chacun ce qui lui appartient

1. une petite maisonnette jaune / un corbillard traîné par deux faméliques haridelles / une seule servante / repas de fête / de la bière et du mousseux.

2. un immeuble à la façade splendidement illuminée / carrosse / une demoiselle de compagnie / un grand nombre de laquais et de caméristes / le jeu, les bals, les promenades, la lecture / champagne et vin.

3. manoir / calèche / des laquais habillés à l'anglaise / une gouvernante anglaise / une servante / la chasse.

TABLE DES ILLUSTRATIONS

TABLE DES MATIÈRES

DERNIÈRES PARUTIONS

APULÉE
Amour et Psyché (2073)

AUCASSIN ET NICOLETTE (2043)

BAUDELAIRE, VERLAINE, RIMBAUD
Voyages en bohème (2039)

BRADBURY
L'Heure H et autres nouvelles (2050)

CARROLL
Alice au pays des merveilles (2075)

CHEDID
Fêtes et lubies (2049)

CHRÉTIEN DE TROYES
Yvain ou le chevalier au lion (2066)

DAUDET
Lettres de mon moulin (2068)

CONAN DOYLE
Le Dernier Problème. La Maison vide (2064)
Trois Aventures de Sherlock Holmes (2037)

FABLIAUX DU MOYEN ÂGE (2071)

FLAUBERT
Un cœur simple (2047)

GAUTIER
La Morte amoureuse et autres nouvelles (2025)

HOFFMANN
L'Enfant étranger (2067)
Le Violon de Crémone. Les Mines de Falun (2036)

HUGO
Le Dernier Jour d'un condamné (2074)
Poésies I : Enfants (2040)
Poésies II : de Napoléon Ier à Napoléon III (2041)

LA FONTAINE
Fables (2051)

LAIS DE MARIE DE FRANCE (2046)

LES MILLE ET UNE NUITS
Ali Baba et les quarante voleurs (2048)

MOLIÈRE
Les Femmes savantes (2029)
Les Précieuses ridicules (2061)

PERRAULT
Contes (2065)

POE
Le Chat noir et autres contes fantastiques (2069)

POUCHKINE
La Dame de pique et autres nouvelles (2019)

RABELAIS
Pantagruel (2006)

RÉCITS DE VOYAGE I
Le Nouveau Monde (2077)

ROSNY AÎNÉ
La Mort de la terre (2063)

SAND
Les Ailes de courage (2062)
Le Géant Yéous (2042)

STENDHAL
Vanina Vanini. Le Coffre et le Revenant (2044)

VERNE
Le Humbug. Frritt-Flacc (2035)

VOLTAIRE
Candide (2078)

WILDE
Le Fantôme de Canterville et autres contes (2033)

GF Flammarion

98/06/65039-VI-1998 – Impr. MAURY Eurolivres, 45300 Manchecourt.
N° d'édition FG201903. – Janvier 1996. – Printed in France.